Daolu Yunshu Shigu
Dianxing Anli Pingxi (Er)

道路运输事故典型案例评析（二）

交通运输部运输服务司 审定
交通运输部公路科学研究院 编写

人民交通出版社股份有限公司
China Communications Press Co.,Ltd.

内 容 提 要

本书选取近年来发生的12起重特大道路交通事故典型案例，通过援引事故基本情况详细分析这些事故的典型特征，总结此类事故的形成原因并提出相应预防措施，帮助和指导道路运输企业从业人员（特别是驾驶员）了解和掌握这些事故的发生原因及危害，从中吸取经验教训的同时做好相关的事故预防工作。

本书可作为道路运输企业安全管理相关从业人员安全培训和驾驶员继续教育的案例教材。

图书在版编目（CIP）数据

道路运输事故典型案例评析. 2 / 交通运输部公路科学研究院编. — 北京：人民交通出版社股份有限公司，2015.6

ISBN 978 -7 -114 -12349 -8

Ⅰ. ①道…　Ⅱ. ①交…　Ⅲ. ①公路运输—交通运输事故—案例—中国　Ⅳ. ①D922.145

中国版本图书馆CIP数据核字(2015)第130097号

Daolu Yunshu Shigu Dianxing Anli Pingxi（Er）

书　　名：道路运输事故典型案例评析（二）
著 作 者：交通运输部公路科学研究院
责任编辑：戴广超
出版发行：人民交通出版社股份有限公司
地　　址：（100011）北京市朝阳区安定门外外馆斜街3号
网　　址：http：//www.ccpress.com.cn
销售电话：（010）59757973
总 经 销：人民交通出版社股份有限公司发行部
经　　销：各地新华书店
印　　刷：中国电影出版社印刷厂
开　　本：720 × 960　1/16
印　　张：8.5
字　　数：113千
版　　次：2015年6月　第1版
印　　次：2015年6月　第1次印刷
书　　号：ISBN 987-7-114-12349-8
定　　价：40.00元

审定单位：交通运输部运输服务司

审定人员：徐亚华　孟　秋　柴晓军　战榆林　张　强
张　可　许洪国　侯景雷　朱力凡　许玉祥
霍金相　范　立　于开成　黄景宇　费轩龙
曹利平　于辉旭　易鸿权　范建忠

编写单位：交通运输部公路科学研究院

主　　编：周　炜

副 主 编：李　强

成　　员：曾　诚　张国胜　巩建强　刘伟俭　孟文戟
孟兴凯　吴初娜　赵　侃　许书权　曹兴举
夏海英

序

随着我国道路运输业的快速发展，营运车辆保有量和道路运输驾驶员数量逐年增加，道路运输业在为社会提供便捷高效、绿色环保运输服务的同时，也受到诸多内外因素的影响，潜藏着众多运输安全隐患。道路运输安全生产工作事关人民群众生命财产安全，事关经济社会的协调发展，事关社会和谐稳定，是重大民生问题。道路运输安全生产工作受到社会广泛关注，也是各级交通运输主管部门、运输企业、运输从业人员高度重视的问题，同时做好安全管理工作也是政府突出服务属性与反映社会治理能力的重要方面。

回顾近几年发生的重特大道路运输事故，每起事故都给国家和人民生命财产造成了重大损失。通过系统分析归纳总结这些事故发生的原因可以看出，有些事故是由于驾驶员的安全意识淡薄、违法违章驾驶、突发事件应急处置不当造成的，有些事故是由于运输车辆技术状况不达标引起的，有些事故是由于复杂道路交通环境和恶劣天气导致的。无论是何种原因导致的交通安全事故，都反复给我们敲响警钟，安全问题不容小觑，必须把安全生产工作放在首要位置抓好、抓实。

为推进道路运输行业健康稳定发展，解除行业发展面临的安全隐患，有序推进安全管理工作，我司组织道路交通安全领域相关专家撰写《道路运输事故典型案例评析》系列丛书，总结分析典型事故案例特征，从不同角度剖析安全隐患发生的原因，寻找事故发生的机理，同时提出针对性预防措施。希望本书的出版发行能够启发管理思路，指导行业发展，引起社会各界对道路运输行业安全发展的共鸣，为各地制定道路运输安全保障措施，排除安全隐患提供参考与借鉴。希望2100万营运驾驶员朋友、700多万家道路运输企业负责人和安全管理人员通过这些典型案例的学习，能够深刻吸取事故教训，强化安全意识，加强安全管理，规范操作行为，切实做好事故预防工作，确保道路运输行业安全发展。

在本书编写过程中，公安部交通管理局、国家安全生产监督管理总局提供了大量的基础数据和案例素材，在此，表示衷心的感谢。

交通运输部党组成员兼运输服务司司长 刘小明

二〇一五年六月十五日

目 录
Mulu

案例1 疲劳致使驾驶机能下降引发车辆失控

——沪昆高速湖南省怀化市“1·3”重大道路交通事故案例

疲劳驾驶会导致驾驶员驾驶机能下降，一旦遇到突发事件，不能及时采取正确的应急处置措施，易引发道路交通事故。从近几年发生的道路交通事故情况来看，部分驾驶员依然无视事故教训，存在疲劳驾驶行为，以致引发重大恶性交通事故。2012年1月3日，在沪昆高速湖南省怀化市路段发生的道路交通事故，是典型的因疲劳驾驶引发车辆失控而造成重大道路交通事故，事故现场如图1-1所示。

图1-1　事故现场图

一 事故基本情况

2012年1月2日下午17时，驾驶员吕某独自驾驶重型半挂汽车列车装载工程车轮胎从贵阳市出发驶往厦门市。1月3日清晨6时40分，该车行驶至沪昆高速湖南省境内中方县路段1431km+900m处撞毁并穿越高速公路中央隔离带护栏，占据对向车道，其挂车骑跨在中央隔离带护栏上，对向车道行驶的大型客车（实际行驶速度为91～93km/h）因躲避不及时与该重型半挂汽车列车发生碰撞，造成大型客车乘客13人死亡、41人受伤，事故过程示意图如1-2所示。

图1-2　事故过程示意图

本案例中，重型半挂汽车列车驾驶员吕某因交通肇事罪被依法追究刑事责任，重型半挂汽车列车所属道路运输企业主要负责人因未能落实安全生产管理责任被依法追究相应责任。

二 事故原因及暴露问题

（一）事故原因

根据事故调查报告，本案例中重型半挂汽车列车于2012年1月2日下午17时从贵阳市出发，当日晚间21时2分进入沪昆高速公路贵阳市金关收费站，次日凌晨3时59分经沪昆高速公路贵州省大龙收费站进入湖南省境内，直至行驶至中方县路段1431km+900m处发生交通事故，该车始终由驾驶员吕某一人驾驶，累计行驶时间13h 40min。经调查认定，重型半挂汽车列车驾驶员疲劳驾驶，是引发本起事故的主要原因。

（二）事故暴露出的其他问题

除上述主要原因外，本起事故还暴露出道路运输企业安全管理等方面存在的问题：

（1）重型半挂汽车列车所属道路运输企业对驾驶员的安全管理不到位。

本起事故中，重型半挂汽车列车所属道路运输企业未对驾驶员行车过程进行有效监督管理，使得驾驶员吕某的过度疲劳驾驶行为未能得到及时纠正。

（2）大型客车所属道路运输企业安全管理责任不落实。

大型客车所属道路运输企业将车辆承包给驾驶员从事旅游包车运输业务，但未签订“包车协议”；同时该客车的行驶信息没有接入企业的“道路运输车辆卫星定位系统动态监控平台”，属于未对运营过程实施有效监督管理。

（3）大型客车所属道路运输企业对驾驶员安全管理不到位。

事发路段设置有“小客车限速100km/h，其他车辆限速80km/h”禁止标志，该事故中大型客车实际行驶速度为91～93km/h，属于超速行驶。调查结论认定，大型客车所属道路运输企业对驾驶员的超速违法驾驶行为未能实施有效监督管理。

小提示

《道路运输车辆动态监督管理办法》相关要求

根据《道路运输车辆动态监督管理办法》（中华人民共和国交通运输部　中华人民共和国公安部　国家安全生产监督管理总局令2014年第5号）的要求，客车所属运输企业应落实道路运输车辆动态监控的主体责任。

三 事故原因分析

据统计，2012年我国发生因疲劳驾驶导致的营运车辆交通事故高达668起，共造成433人死亡，791人受伤，疲劳驾驶已成为影响道路交通安全的重要因素之一。本节主要针对疲劳驾驶的表现形式、形成原因、对道路交通安全的影响以及预防措施四个方面进行重点分析。

（一）疲劳驾驶的表现形式

疲劳驾驶对道路运输安全具有潜在风险。驾驶员处于疲劳状态时，会出现视线模糊、困倦、瞌睡等现象，造成驾驶员动作呆板、注意力不集中、驾驶技能下降。不同疲劳等级对应的疲劳表现形式如表1-1所示。

疲劳等级与疲劳表现形式对应表 表1-1

疲劳等级	疲劳表现形式
轻微疲劳	频频打哈欠，眼皮沉重，肌肉麻木
中度疲劳	瞌睡，走神；眼睛发涩，有疼痛感；脊椎疲劳，腰酸背痛
重度疲劳	睡意较浓，意识模糊；视觉不清，出现重影；浑身发颤，出冷汗

小测试

疲劳驾驶的判断方法

行车中，驾驶员如果出现表1-2所示的行为或症状，那么可能正处于疲劳驾驶的危险当中，应及时采取必要的措施进行调整和休息，避免疲劳程度进一步加重。

疲劳驾驶判断表 表1-2

序号	驾驶员状态	出现这种状态，打“√”
1	是否不停地打哈欠？	□是 □否
2	眼睛是否开始感到灼痛？	□是 □否
3	眼睛是否不由自主地闭上或者经常转换视线的方向？	□是 □否
4	是否经常性地在车座上滑动？	□是 □否
5	是否无故偏离车道？	□是 □否
6	是否无故采取制动操作？	□是 □否

续上表

序号	驾驶员状态	出现这种状态，打“√”
7	保持固定车速是否感到困难?	□是　□否
8	是否能够准确判断与其他车辆的横向间距?	□是　□否
9	调整转向盘的次数是否减少，且调整时的幅度很大?	□是　□否
10	是否思维随意且不连续，不能回忆起最近几千米的驾驶情形?	□是　□否
11	是否不自觉地睡着几秒钟或更长时间，然后突然醒来?	□是　□否

（二）疲劳驾驶的形成原因

由于驾驶工作的复杂性，疲劳驾驶与驾驶员的生理机能（年龄、性别、性格、身体条件、驾驶经验）、生活习惯（睡眠、饮食）、行驶条件（道路环境、车内环境）等诸多因素相关。

① 生理机能

驾驶时间过长，会使驾驶员肌肉内部产生超负荷的乳酸堆积，从而使驾驶员出现生理疲劳。轻微疲劳时，受意志力等因素的影响，驾驶员还可以较好地完成运输任务，若在较长的一段时间内，驾驶员不能有效地缓解疲劳，会使疲劳程度不断累加，从而引发驾驶机能下降，严重影响行车安全。

② 生活习惯

生活习惯不健康，睡眠、饮食、作息不规律，睡眠时间不足、睡眠质量不高，食用易导致嗜睡的食物等，都可能导致驾驶员在行车过程中出现疲劳状态（图1-3）。

图1-3　疲劳驾驶示意图

③ 道路环境

驾驶员疲劳驾驶程度与行车的道路环境密切相关。如高速公路行车环境相对简单，驾驶任务比较轻松，在相对“单调”的行车环境，驾驶员容易麻痹大意、注意力不集中，引起疲劳驾驶；山区道路则由于道路环境复杂多变，驾驶员处于精神高度集中状态，需要根据道路环境变化，频繁地进行制动、转向等驾驶操作，繁重的劳动强度也容易引起驾驶员疲劳驾驶。疲劳驾驶的形成原因及其影响程度，见表1-3。

疲劳驾驶的形成原因及其影响程度 表1-3

疲劳驾驶的形成原因	典型事例	影响程度
驾驶时间安排不合理	（1）长时间连续驾驶，中途不按规定休息； （2）经常在午后、深夜和凌晨等时段行车，与生理规律冲突	很大
驾驶环境差	（1）车内通风不良，温度过高，噪声过大； （2）长时间在不良或复杂道路环境下行驶； （3）长时间在单调道路环境下行驶	很大
生活状态与生活习惯不良	（1）家庭关系不和睦，精神压力大； （2）饮食不规律，食用嗜睡性食物	较大
睡眠质量差	（1）作息不规律，睡眠时间不足，睡眠质量不高； （2）起居环境不良，睡眠质量差	很大
驾驶经验不足	（1）驾驶经验不足、操作生疏； （2）路况不熟悉，精神负担重	较大
身体条件不适应	（1）患有阻塞性睡眠窒息、高血压和高血脂等生理疾病或处于生理特殊时期； （2）服用安眠药、镇痛药等麻痹中枢神经系统的药物，易出现困倦、昏沉、嗜睡等症状	较大

（三）疲劳驾驶对道路交通安全的影响

疲劳驾驶使得驾驶员信息感知能力和安全操作能力等驾驶技能下降，严重影响行车安全。

① 感知能力下降

行车中，驾驶员要不断地感知周边车辆及交通信息，对其他物体的相对距离、行驶速度进行判断和估计，以便采取不同的应对措施。疲劳驾驶时驾驶员的感知能力下降，主要表现为驾驶员对空间距离、障碍物的远近距离和车速不能做出准确判断。

驾驶员的选择反应

驾驶员的感知能力是指驾驶员对车速、车距、车体及交通信息的感知程度，其主要指标有立体知觉和速度估计，其中立体知觉是指驾驶员个体对同一物体的凹凸或对不同物体远近的感知，速度估计是指驾驶员对速度的估计判断。立体知觉、速度估计与实际情况差异变大，则表明驾驶员对空间距离和车速的感知不够准确，感知能力下降。

试验表明，随着连续驾驶时间的增加，驾驶员的立体知觉、速度估计能力都会出现不同程度的下降。

② 安全操作能力下降

行车中，驾驶员经常会遇到各种复杂的交通环境，这就要求驾驶员不仅要反应快速，而且还要操作准确。驾驶员的疲劳程度与安全操作能力密切相关，疲劳驾驶时驾驶员的选择反应能力下降，错误操作次数增加二者的对应关系如表1-4所示。

疲劳程度等级与安全操作能力对应表　　表1-4

疲劳程度等级	对安全操作能力的影响
轻微疲劳	换挡不及时、不准确
中度疲劳	操作动作迟缓，有时甚至会忘记操作
重度疲劳	下意识操作或出现短时间睡眠，严重时会失去对车辆的控制能力

驾驶员的感知能力

驾驶员的选择反应是指驾驶员对不同刺激做出迅速、准确反应的能力，其主要指标是选择反应时间和错误反应次数。驾驶员选择反应能力越高，反应越快越准确，应对突发情况的处置更为及时合理，反之则表现为措手不及。

研究表明，驾驶员连续驾驶4h，选择反应时间是连续驾驶1h的3～4倍（连续驾驶1h，选择反应时间为0.5s；连续驾驶4h，选择反应时间为1.8s），反应速度明显变慢。

（四）疲劳驾驶的预防措施

有效预防和避免驾驶员的疲劳驾驶行为，对于保障行车安全至关重要。驾驶员可以通过严格控制驾驶时间、养成良好的驾驶习惯和生活习惯等方式方法，预防和避免疲劳驾驶。

① 严格控制驾驶时间

道路运输企业及驾驶员要合理安排运输任务和行车时段，在行车过程驾驶员要严格执行连续24h累计驾驶时间不超过8h，日间连续驾驶时间不超过4h，夜间连续驾驶时间不超过2h，每次停车休息时间不少于20min的规定。

② 养成良好的驾驶习惯

驾驶员要养成良好的驾驶习惯，不能疲劳驾驶。行车中，当驾驶员感到疲劳时，意味着驾驶员安全驾驶能力开始下降，此时应将车辆停靠在安全区域，进行调整和休息。

③ 养成良好的生活习惯

驾驶员要养成良好的运动习惯，积极参加有益的锻炼活动，保持健康的身体；营造和谐的家庭氛围，保持愉悦的心情；保障充足的睡眠时间和良好的睡眠质量，建议每天睡眠时间为7～8h。

小知识

预防疲劳驾驶的误区

行车中，驾驶员为预防疲劳驾驶采取了一些不可取的措施，反而在一定程度上加大了疲劳驾驶的潜在危险，常见预防疲劳驾驶的误区见表1-5。

常见预防疲劳驾驶的误区 表1-5

序号	预防方法	存在的误区
1	音乐刺激	高分贝的音乐刺激只能使驾驶员短时间兴奋，兴奋过后是更高程度的疲劳感；驾驶员无法听到其他车辆的鸣笛声；注意力容易分散
2	服用药品	驾驶员在服用抗疲劳药品后会在一定时间内缓解疲劳，但药效过后会使疲劳程度增加
3	嚼口香糖	只能从心理上起到一定的作用，仅能在较短时间内缓解疲劳，对预防疲劳驾驶没有实质性作用
4	调节座椅	驾驶员的驾驶姿势可以得到调整和放松，不能从根本上缓解疲劳驾驶

四 案例小结

疲劳驾驶行为是道路运输安全的潜在安全隐患，预防疲劳驾驶是减少道路交通事故的重要手段之一。道路运输企业可通过建立安全生产管理制度，加强驾驶员的安全培训等途径预防疲劳驾驶。

（1）道路运输企业应建立健全安全生产管理制度，预防疲劳驾驶。

道路运输企业应建立安全管理责任制度，从制度上保障驾驶员的合法权益，将“反疲劳驾驶”纳入安全生产管理工作当中，同时合理安排运输任务、足额配备驾驶员，积极预防疲劳驾驶。

（2）道路运输企业要加强法律法规培训教育，提高驾驶员的安全意识。

道路运输企业要定期组织驾驶员进行学习和培训，将遵守安全法律法规和预防疲劳驾驶作为驾驶员安全学习的重要内容，要求驾驶员严格遵守《中华人民共和国道路交通安全法实施条例》（以下简称《道路交通安全法实施条例》）和《中华人民共和国道路运输条例》（以下简称《道路运输条例》）对连续驾车时间的规定，连续驾驶机动车不得超过4h，停车休息时间不少于20min。

（3）加强疲劳驾驶危害的社会宣传，发挥社会监督作用。

通过对疲劳驾驶危害的广泛宣传，使全社会认识疲劳驾驶的危害；充分发挥社会监督作用，对涉嫌疲劳驾驶的驾驶员，乘客应及时提醒；当驾驶员出现严重疲劳时，乘客有权利拒绝乘坐该车辆并可以向相关管理部门举报。

小提示

相关法律法规

1.《中华人民共和国道路交通安全法》（以下简称《道路交通安全法》）

《道路交通安全法》第二十二条规定，机动车驾驶人应当遵守道路交通安全法律、法规的规定，按照操作规范安全驾驶、文明驾驶。饮酒、服用国家管制的精神药品或者麻醉药品，或者患有妨碍安全驾驶机动车的疾病，或者过度疲劳影响安全驾驶的，不得驾驶机动车。

2.《道路交通安全法实施条例》

《道路交通安全法实施条例》第六十二条第七款规定，驾驶机动车不得连续驾驶超过4h未停车休息或者停车休息时间少于20min。

3.《国务院关于加强道路交通安全工作的意见》

《国务院关于加强道路交通安全工作的意见》（国发〔2012〕30号）要求，运输企业要积极创造条件，严格落实长途客运驾驶员停车换人落地休息制度，确保客运驾驶员24h累计驾驶时间原则上不超过8h，日间连续驾驶不超过4h，夜间连续驾驶不超过2h，每次停车休息不少于20min。

4.《道路旅客运输企业安全管理规范（试行）》

《道路旅客运输企业安全管理规范（试行）》第二十六条规定，道路旅客运输企业应当建立防止客运驾驶人疲劳驾驶制度。关心客运驾驶人的身心健康，定期组织客运驾驶人进行体检，为客运驾驶人创造良好的工作环境，合理安排运输任务，防止客运驾驶人疲劳驾驶。第四十五条规定：道路旅客运输企业在安排运输任务时应当严格要求客运驾驶人在24h内累计驾驶时间不得超过8h（特殊情况下可延长2h，但每月延长的总时间不超过36h），连续驾驶时间不得超过4h，每次停车休息时间不少于20min。

5.《中华人民共和国安全生产法》（以下简称《安全生产法》）

《安全生产法》第十八条规定：生产经营单位的主要负责人对本单位安全生产工作负有下列职责：

（1）建立、健全本单位安全生产责任制；

（2）组织制定本单位安全生产规章制度和操作规程；

（3）保证本单位安全生产投入的有效实施。

案例2 毒驾致使驾驶员产生幻觉引发重大事故

——常合高速江苏省苏州市“4·22”重大道路交通事故案例

毒品被认为是人类社会的公害，吸食后能抑制人的中枢神经系统，易引发抽搐、幻觉等毒副作用。驾驶员吸食毒品后，其感知能力和驾驶能力都将严重削弱，给道路交通安全带来重大隐患，因此，驾驶员特别是营运驾驶员吸食毒品后驾驶机动车，会对他人生命和财产安全造成巨大威胁，其严重后果往往触目惊心。2012年4月22日，常合高速江苏省苏州市路段发生了一起典型的因吸食毒品后驾驶营运客车引发的重大道路交通事故，现场如图2-1所示。

图2-1　事故现场图

一 事故基本情况

2012年4月22日，驾驶员王某在凌晨5时吸食冰毒，于8时驾驶大型客车到上海市某广场接旅游团前往常熟市。当车辆行驶至常合高速公路1km+180m处时，驾驶员王某因吸食冰毒产生幻觉，怀疑前有警车拦截，后有警车跟踪，突然向左变道"避让"，致使车辆与中央隔离带护栏发生碰撞，并越过护栏后向右侧翻，与对向车道刘某驾驶的中型厢式货车相撞，造成大型客车乘客14人死亡，20人受伤，事故过程示意图如图2-2所示。

图2-2　事故过程示意图

本案例中，大型客车驾驶员王某因交通肇事罪被判处有期徒刑；大型客车所属道路运输企业总经理、副总经理、人事部经理、安全调度员等其他6名人员被依法追究相应责任。

二 事故原因及暴露问题

（一）事故原因

根据事故调查报告，本案例中大型客车驾驶员王某于4月21日晚间24时去网吧玩游戏，22日凌晨5时吸食冰毒后离开网吧，3h后驾驶机动车执行运输任务，随后在行车中产生幻觉，操作失当，致使车辆撞击并越过中央隔离带护栏，与对向车道中型厢式货车发生碰撞。经调查认定，大型客车驾驶员吸食冰毒是造成本起事故的主要原因。

（二）事故暴露出的其他问题

除上述原因外，本起事故还暴露出大型客车所属道路运输企业安全管理等方面存在的问题：

（1）大型客车所属道路运输企业对车辆的安全管理存在漏洞。

本起事故中，大型客车所属运输企业将车辆承包给个人经营，在车辆交通事故责任强制险已过期（处于脱保运行状态）的情况下，未采取强制措施停止该车辆运行，属于未实施有效监督管理。

（2）大型客车所属道路运输企业对驾驶员的管理不到位。

大型客车所属道路运输企业未建立驾驶员管理档案，未对驾驶员进行上岗安全培训，属于未实施有效监督管理。

三　事故原因分析

2008年之前，我国每年发生有关毒驾的交通事故案例不足20起，2010年因毒驾导致的交通事故就上升到50余起。近年来，毒驾所引发的交通事故呈上升态势，对道路交通安全的影响日益突出。本节主要围绕毒品对人体的危害，吸食毒品对驾驶行为的影响、毒驾的整治措施三个方面进行重点分析。

（一）常见毒品及对人体的危害

毒品可分为天然毒品、半合成毒品和合成毒品。天然毒品是直接从毒品原植物中提取的毒品，如鸦片；半合成毒品是由天然毒品与化学物质合成而得，如海洛因；合成毒品完全用有机合成的方法制造，如冰毒、氯胺酮（K粉）、摇头丸等。常见毒品及危害见表2-1。

常见毒品及危害 表2-1

毒品名称	主要用途	特征	吸食后对人体的影响
海洛因	强效镇痛药物	白色结晶粉末	使用初期会感觉愉快安静，但无法集中精力，甚至产生梦幻现象；吸食12h后导致人精神紧张、无法入睡、出汗、肠胃不适、四肢疼痛及痉挛
可卡因	麻醉性药物	白色晶体状，无臭，味苦而麻	吸食几秒钟至几分钟后产生兴奋感、心情激动、心跳加速，“快感”之后会感到沮丧，影响神经系统的正常反应
氯胺酮（K粉）	麻醉性药物	白色粉末状固体物质，不能燃烧	服用后会出现梦境、幻觉、躁动不安、噩梦及谵语等精神症状
大麻（白麻）	医学用作止痛剂	掌状复叶的一种年生草本植物	吸食大麻产生迷幻效果，出现幻觉，动作反应迟缓，运动协调性变差
吗啡	镇痛和麻醉性药物	白色的针状结晶或结晶性粉末，味苦有毒，无臭	容易疲倦，想睡觉，情绪不稳，精神错乱，并有恶心、呕吐和呼吸抑制现象
鸦片（大烟）	镇痛和麻醉性药物	呈黑色或褐色，有氨味，味苦，气味强烈	初期吸食时致欣快感，无法集中精力，产生梦幻、幻觉现象；长期使用后停止吸食则会出现不安、流泪、易怒、发抖、打冷战等现象
冰毒	镇痛和麻醉性药物	微带苦味，呈白色或无色，为结晶体或粉末状	长期吸食冰毒会出现被害妄想、幻觉、严重抑郁、疲劳和激怒等精神症状
摇头丸	精神科药品，兴奋剂	圆形、方形、棱形等形状的片剂，呈白色、灰色、蓝色、绿色等多种颜色	服用后会出现精神亢奋、情绪失控、视听幻觉、缺乏注意力及专注力等现象

（二）吸食毒品对驾驶行为的影响

驾驶员吸食毒品后，感知能力和驾驶技能下降，甚至出现异常驾驶行为，严重危害行车安全。

① 感知能力下降

吸食毒品后，吸食人员短时间内出现高度亢奋的状态，随后失去意识，此时极易出现嗜睡、幻觉、妄想等情形，表现为感知障碍。驾驶员吸食毒品后，感知能力和判断能力下降，无法控制自己的行为，往往出现操作异常。

② 操作技能下降

吸食毒品后脑神经对肌肉的支配能力及小脑的平衡能力下降，会引起反应迟钝、动作变慢、操作准确性下降。研究表明，驾驶员吸食毒品后驾驶机动车，反应时间比正常驾驶员慢21%，遇到突发情况时往往处置不及时。

（三）毒驾的整治措施

近年来，随着吸食毒品后驾驶机动车的违法行为逐渐增加，我国对毒驾的治理措施也陆续出台，管控力度不断加大。

① 我国整治毒驾的措施

我国对毒驾采取了积极的管理措施，2012年，公安部发布了《机动车驾驶证申领和使用规定》（公安部令第123号），对吸毒人员申请驾驶证或者驾驶机动车的行为采取“零容忍”措施，严格限制吸毒人员申请机动车驾驶证。其中，规定3年内有吸食、注射毒品行为或者解除强制隔离戒毒措施未满3年的，不得申请驾驶证；驾驶员吸食、注射毒品后驾驶机动车或者正在执行社区戒毒、强制隔离戒毒、社区康复措施的，要注销其机动车驾驶证。

其他国家关于“毒驾”的处罚规定

我国与美国、法国、新加坡对毒驾驶处罚的对比见表2-2。

我国与其他部分国家对毒驾处罚的对比　　表2-2

国别	法律法规	驾驶管理方法	罚款金额	拘役监禁	致人死亡的处理措施
中国	未入刑，无“毒驾罪”	不准考取驾驶证，注销机动车驾驶证	根据《中华人民共和国禁毒法》、《中华人民共和国治安管理处罚法》、《道路交通安全法》处罚	根据《中华人民共和国禁毒法》、《中华人民共和国治安管理处罚法》、《道路交通安全法》处罚	以交通肇事罪或危险方法危害公共安全罪处罚
美国	入刑，包含在“醉驾罪”中	发生严重事故，永久吊销机动车驾驶证	至少4000美元（约25万元人民币）	几年至几十年	各项累计处罚
法国	入刑	扣6分，后果严重当场吊销机动车驾驶证	4500～100000欧元（约3万至70万元人民币）	2～7年	各项累计处罚
新加坡	入刑	处以鞭刑，至少吊销1年机动车驾驶证	1000～10000新加坡元（约5千至5万元人民币）	6个月至3年	各项累计处罚

②快速检测毒品技术

通过唾液检测毒品是一种快速、准确地检测驾驶员是否吸毒的新技术。其中，唾液检测仪是唾液测毒的一种新型设备，检测过程仅需1～2min，且具有很高的灵敏度。检测方法是被检测驾驶员向检测卡的凹槽内吐唾液，观察窗内即出现流动的红色液体，当唾液检测试剂上显示为两条红线时，证明被检测人没有吸毒；而当唾液检测剂上只在字母“C”区出现一条红线时，则表明被检测人涉嫌“毒驾”，警方可对其作进一步检查，如图2-3所示。

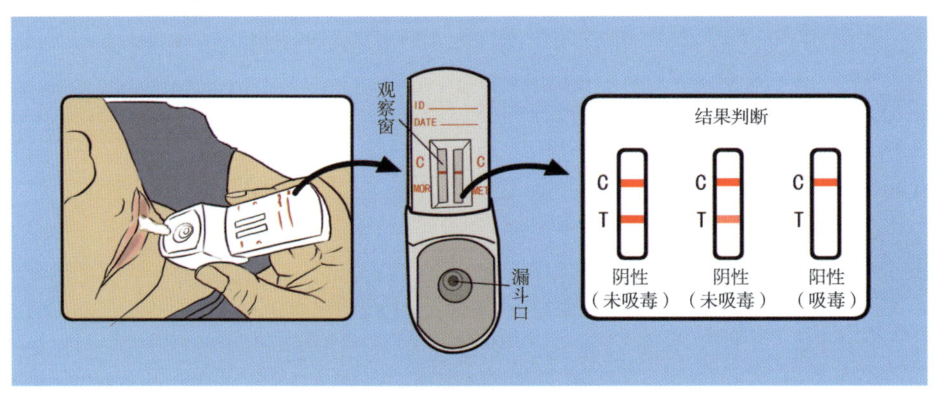

图2-3　唾液快速测毒示意图

四 案例小结

从驾驶员个体角度来看，毒品危害个人身体健康，破坏家庭幸福，拒绝毒品，人人有责，从运输企业管理角度来看，毒驾危害公共安全，影响社会和谐,预防毒驾，企业有责。道路运输企业要加强防范毒品宣传教育，提高驾驶员的防毒意识，加强客货运输驾驶员的安全监管工作，配合道路运输安全相关管理部门的指导，共同创造“无毒”驾驶的环境。

（1）道路运输企业要加强对客货运输驾驶员的源头监管。

道路运输企业要加强对驾驶员的管理，可在报班审核中加入有关毒驾的检测程序，确保驾驶员“无毒”驾驶。

（2）提高驾驶员的安全意识和社会责任感。

加强对驾驶员防范毒品的安全培训教育，增强驾驶员防范毒品的安全意识；培养驾驶员的社会责任感，使驾驶员担负起维护公共安全的社会职责，从根本上拒绝毒驾。

（3）加强防范毒品、预防毒驾的社会宣传。

可通过视频、图片等多种呈现形式，再现毒驾导致人员伤亡、财产损失、家庭破裂的案例，向全社会广泛宣传毒品的危害、毒驾的危害，提高全社会防范毒品、预防毒驾的安全意识。

（4）加强机动车驾驶证的申领和审核管理。

道路运输安全相关管理部门应进一步加强协作，密切配合，建立完善的信息共享机制，将吸毒人员数据和驾驶人员数据进行对比分析，对涉嫌吸毒的人员进行全面梳理、排查，对驾驶证的申领和审核从严把关。

相关法律法规

1.《道路交通安全法》

《道路交通安全法》第二十二条规定，机动车驾驶人应当遵守道路交通安全法律、法规的规定，按照操作规范安全驾驶、文明驾驶。饮酒、服用国家管制的精神药品或麻醉药品，或者患有妨碍安全驾驶机动车的疾病，或者过度疲劳影响安全驾驶的，不得驾驶机动车。

2.《道路交通安全法实施条例》

《道路交通安全法实施条例》第一百零五条规定，机动车驾驶人有饮酒、醉酒、服用国家管制的精神药品或者麻醉药品嫌疑的，应当接受测试、检验。

3.《机动车驾驶证申领和使用规定》

《机动车驾驶证申领和使用规定》（公安部令第123号）第十二条规定，三年内有吸食、注射毒品行为或者解除强制隔离戒毒措施未满三年，或者长期服用依赖性精神药品成瘾尚未戒除的，不得申请机动车驾驶证。第六十七条规定，被查获有吸食、注射毒品后驾驶机动车行为，正在执行社区戒毒、强制隔离戒毒、社区康复措施，或者长期服用依赖性精神药品成瘾尚未戒除的，车辆管理所应当注销驾驶人的机动车驾驶证。第七十二条规定，校车驾驶人不能有吸毒行为记录。

超速行驶造成客车失控引发坠车

——四川省马尔康县“3·13”重大道路交通事故案例

超速驾驶是最常见、也是最容易引发恶性事故的交通违法行为。车辆超速行驶时，操纵稳定性下降、制动距离增加，驾驶员视野范围变窄，如果驾驶员操作不当，极易造成车辆失控，酿成重大交通事故。2012年3月13日，在四川省阿坝州马尔康县发生的道路交通事故，是典型的因超速行驶引发的重大道路交通事故，事故现场如图3-1所示。

图3-1　事故现场图

一　事故基本情况

2012年3月13日12时25分许，驾驶员王某驾驶大型客车从成都市前往四川省阿坝州马尔康县，车辆行驶至国道317线295km处，在限速为40km/h的长下坡弯道，以83km/h的车速行驶，与道路左侧防护栏发生剐蹭，客车沿防护栏向前滑行56.1m后，冲毁护栏并越过路侧排水沟和路外土堆，继续向前滑行41m后坠入65m的斜坡下，事故共造成15人死亡、6人受伤，事故过程示意图如图3-2所示。

图3-2　事故过程示意图

本案例中，大型客车驾驶员对此次事故发生负有直接责任，鉴于其已在事故中死亡，不再追究责任；大型客车所属道路运输企业董事长、总经理等5名安全管理负责人未能落实安全生产管理责任，被依法追究相应责任。

二　事故原因及暴露问题

（一）事故原因

根据事故调查报告，本案例的事发路段为长下坡路段，限速为40km/h，事故发生时车辆实际行驶速度为83km/h，超速达107.5%。经调查认定，超速行驶是造成本起事故的重要原因。

（二）事故暴露出的其他问题

除上述原因外，本起事故还暴露出大型客车所属道路运输企业安全管理等方面存在的问题：

（1）大型客车驾驶员安全意识淡薄。

本起事故中，大型客车驾驶员王某未能严格落实“客运车辆安全例行检查”等车辆的安全检查制度，存在安全隐患，在驾驶过程中经常超速行驶。

（2）大型客车所属道路运输企业对车辆的安全检查制度不落实。

大型客车所属企业未按照相关要求对车辆进行定期维护，导致车辆转向系统存在故障、制动效能下降，是造成本起交通事故的诱因。

（3）大型客车所属道路运输企业安全管理制度不落实。

大型客车所属道路运输企业没有严格执行《道路旅客运输及客运站管理规定》。涉事大型客车没有当天的发班计划，未进站进行安全例行检查，且驾驶员自行站外揽客，行车途中存在随意上下乘客的行为。企业未利用“道路运输车辆卫星定位系统动态监控平台”对车辆实施动态监管，也未及时提醒和纠正该车辆的超速违法驾驶行为。

三 事故原因分析

2012年我国重特大道路交通事故统计结果表明，涉及车辆超速行驶的事故占事故总数的52%，在各种事故成因中，超速行驶居于首位。本节主要围绕超速行驶的形成原因、危害和预防三个方面进行重点分析。

（一）超速行驶的形成原因

超速行驶主要是由于驾驶员主观原因造成的违法驾驶行为。

1 急躁心理

当驾驶任务过重、行车计划发生改变、临近夜晚、天气突变、乘客催促或受经济利益驱使等的影响，驾驶员会产生急躁心理，在这种心理状态下，驾驶员往往会超速行驶。

② 争强好胜心理

部分驾驶员，尤其是年轻驾驶员，普遍存在不同程度的争强好胜心理，盲目超速行驶，以此炫耀车技。

③ 麻痹和侥幸心理

部分驾驶员会在比较熟悉的路段或视线良好的平直道路上产生麻痹和侥幸心理，不自觉地超速行驶。

（二）超速行驶的危害

超速行驶使得驾驶员的视野变窄、动视力下降，与此同时，车辆的行驶稳定性下降、制动距离增加，在转弯时易产生侧滑、侧翻，严重危害行车安全。

① 行驶稳定性下降

车辆的行驶稳定性与车辆的结构及行车速度直接相关，车辆转弯时的速度越高，离心力越大，速度增加1倍，离心力增加3倍，较大的离心力易引起车辆侧滑和侧翻。

小知识

汽车的行驶稳定性

汽车的行驶稳定性是指汽车在行驶过程中，在外部因素作用下，汽车保持正常行驶状态和方向，不致失去控制而产生滑移、倾覆等现象的能力。影响汽车行驶稳定性的因素主要有汽车本身的结构参数、驾驶员的操作技术以及道路与环境等外部因素。

当车辆以一定的速度转弯，转向盘的转角保持不变时，车辆行驶的圆周半径保持不变。此时，如果车辆逐渐加速，将会出现3种特性：向外跑偏、不跑偏、向内跑偏，分别称为不足转向特性、中性转向特性和过度转向特性，如图3-3所示。

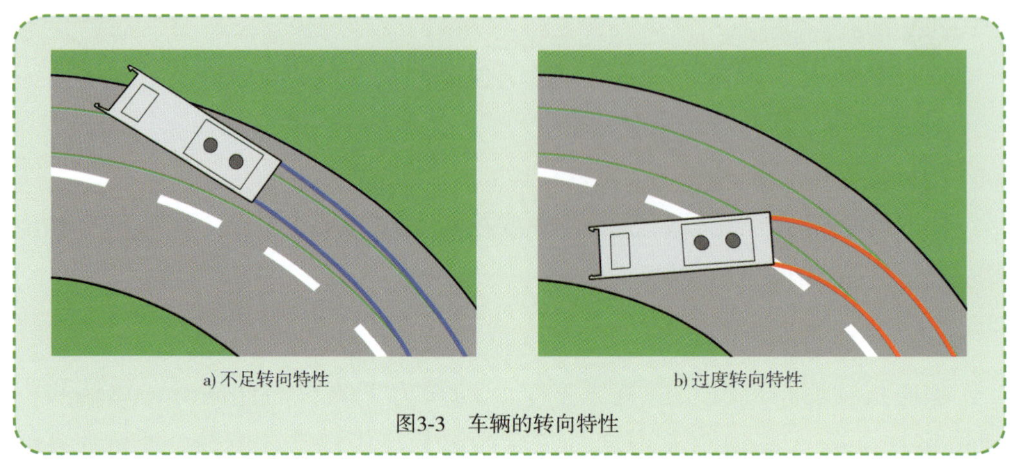
a) 不足转向特性　　b) 过度转向特性

图3-3　车辆的转向特性

② 制动距离增加

车辆的制动距离与车速相关，高速行驶的车辆，其制动距离会明显增加，易引发交通事故。以某中型客车为例，驾驶员的反应时间以0.8s计算，车速与制动距离的对应关系如图3-4所示。

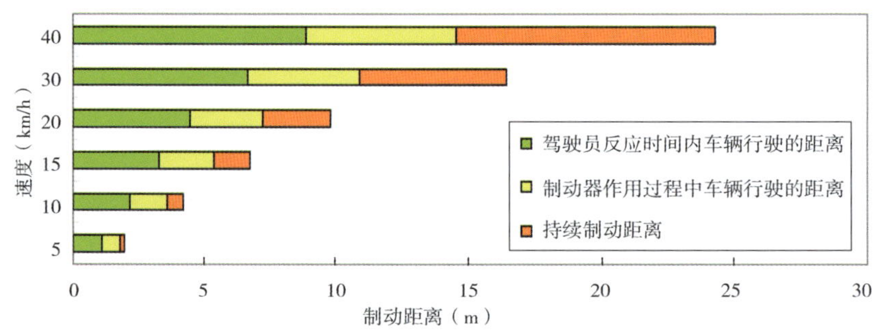

图3-4　车速与制动距离对应关系

③ 动视力下降

动视力是指车辆在行驶过程中，驾驶员能够看清物体的最远距离。驾驶员的动视力与车速有密切的关系，车速越高，动视力下降越快。研究表明，车速为40km/h时，驾驶员可以观察清楚前方200m以内的物体；当车速为

100km/h时，驾驶员只能观察清楚前方160m 以内的物体。车速与动视力关系如图3-5所示。

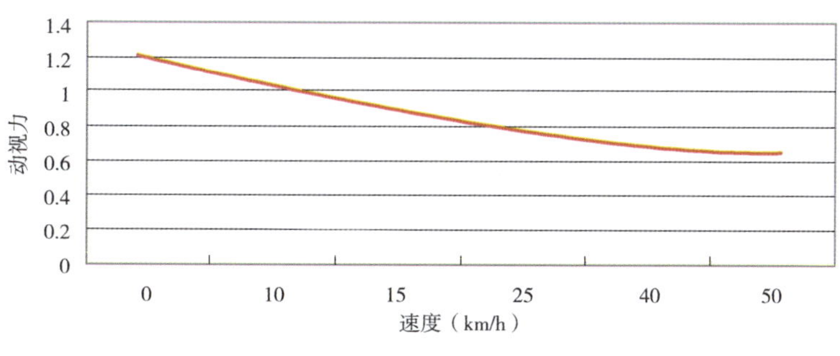

图3-5　速度与动视力的关系

④ 视野范围变窄

车辆在行驶过程中，驾驶员的视野会随着车速的增加而变窄。研究表明，车速为40km/h时，驾驶员可以观察到90°至100°（视野度）范围内的物体；当车速为105km/h时，驾驶员只能观察到40°以内的物体。车速与驾驶员可观察的视野范围如图3-6所示。

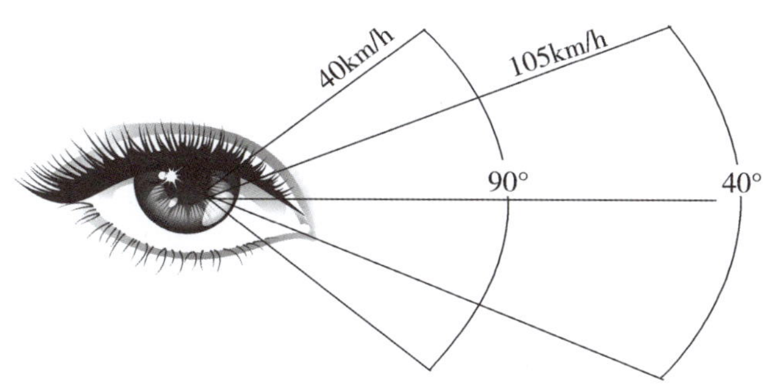

图3-6　车速与驾驶员可观察的视野范围

（三）超速行驶的预防

提高驾驶员的安全意识、保持良好的心态、做好行车前的规划，有效预防驾驶员的超速违法驾驶行为，对于保障行车安全至关重要。

① 增强安全意识

超速行驶不仅是不安全驾驶行为，更是违法驾驶行为。驾驶员要有高度的安全意识和社会责任感，树立“以人为本，安全至上”的职业道德和行为规范，规范驾驶行为，杜绝超速行驶。

② 调整好心态

驾驶员要调整好心态，在行车过程中不能争强好胜、麻痹大意或心存侥幸，应始终保持谨慎的态度，正所谓“小心驶得万年船”。

③ 做好行车前的规划

驾驶员在行车前应规划好行车路线、行车时间，避免因为行驶路线不熟悉、时间紧迫等客观原因而超速行驶。

四 案例小结

超速行驶是造成道路交通事故最主要的原因，杜绝超速行驶对于预防道路交通事故具有极为重要的意义。道路运输企业应建立驾驶员的违法管理制度，加强驾驶员的安全培训教育，杜绝超速驾驶行为。

（1）道路运输企业应健全驾驶员安全管理责任制度，严禁驾驶员超速驾驶。

超速行驶会造成车辆的行驶稳定性下降，引起驾驶员的视觉机能下降，属于违法驾驶行为，道路运输企业应建立相应的安全管理责任制度，惩处驾驶员的违法驾驶行为，应充分利用“道路运输车辆卫星定位系统动态监控平台”对车辆实施动态监管，及时提醒和纠正车辆的超速违法驾驶行为。

（2）道路运输企业应加强对驾驶员的安全培训教育，杜绝超速行驶。

道路运输企业加强驾驶员的职业道德教育（如安全理论和法律知识的学习等），提高驾驶员的安全意识和法律意识，让驾驶员充分认识到超速行驶对行车安全的影响，从根本上杜绝超速行驶。

（3）充分发挥全社会对超速驾驶行为的监督作用。

超速行驶在各种事故原因中居于首位，道路运输安全管理部门应通过社

会宣传，让全社会认识到超速行驶的危害。充分发挥乘客的安全监督作用，车辆超速行驶时，乘客可对驾驶员进行提示、提醒或通过安全监督电话进行举报等。

相关法律法规

1.《道路交通安全法》

《道路交通安全法》第四十二条规定，机动车上道路行驶不得超过限速标志标明的最高时速。

2.《道路交通安全法实施条例》

《道路交通安全法实施条例》第四十五条规定，机动车在道路上行驶不得超过限速标志、标线标明的速度。

3.《道路旅客运输企业安全管理规范（试行）》

《道路旅客运输企业安全管理规范（试行）》第十九条规定，道路旅客运输企业应当建立客运驾驶人聘用制度。对三年内发生道路交通事故致人死亡且负同等以上责任的，交通违法记分有满分记录的，以及有酒后驾驶、超员20%、超速50%或12个月内有三次以上超速违法记录的驾驶人，道路旅客运输企业不得聘用其驾驶客运车辆。第四十条规定，道路旅客运输企业应当按照法律规定设置的道路通行最高车速限值以及车辆行驶道路的实际情况，合理设置相应路段的车辆行驶速度限速标准。对异常停车、超速行驶、疲劳驾驶、逆向行驶、不按规定线路行驶等违法、违规行为及时给予警告和纠正，并事后进行处理。

4.《机动车驾驶证申领和使用规定》

《机动车驾驶证申领和使用规定》（公安部令第123号）附件2违法行为记分分值规定，驾驶中型以上载客载货汽车、校车、危险物品运输车辆在高速公路、城市快速路上行驶超过规定时速20%以上或者在高速公路、城市快速路以外的道路上行驶超过规定时速50%以上，以及驾驶其他机动车行驶超过规定时速50%以上的，一次记12分。

车辆制动系统故障致使车辆失控引发重大事故

——连霍高速河南省三门峡市“8·31”重大道路交通事故案例

车辆技术状况是安全行驶的前提，做好车辆维护是保持车辆技术状况良好、消除故障及其隐患以及延长车辆使用寿命的有效保障。然而有些道路运输企业及驾驶员却对车辆维护工作不以为然，不按标准要求进行正常车辆维护，使得车辆的安全隐患未得到及时消除，最终酿成交通事故。2012年8月31日，连霍高速河南省三门峡市路段发生的道路交通事故，是典型的车辆“带病”行驶引发的重大道路交通事故，事故现场如图4-1所示。

图4-1　事故现场图

一 事故基本情况

2012年8月31日上午8时50分，驾驶员郭某驾驶一辆中型客车从灵宝市出发，行驶至连霍高速三门峡市境内784km+480m处，行驶速度约为85.6km/h（该路段限速为70km/h），车辆在制动时因制动系统故障向左跑偏，撞向道路左侧中央隔离墙，随后又冲破道路右侧防护栏，坠入深20m的沟内，事故是造成11人死亡、14人受伤，事故过程示意图如4-2所示。

图4-2　事故过程示意图

本案例中，中型客车驾驶员郭某因交通肇事罪被依法追究刑事责任，中型客车所属道路运输企业被处以60万元经济处罚并停业整顿，企业经理、副经理等5名责任人员均被依法追究相应的刑事责任。

二 事故原因及暴露问题

（一）事故原因

根据事故调查报告，本案例中，中型客车未能严格按照有关标准或者规定要求进行维护，车辆制动系统存在严重隐患（制动鼓磨损严重，右前制动气室膜片老化、开裂并漏气）车辆所属道路运输企业和驾驶人均未能及时发现并消除隐患，致使车辆制动时发生跑偏。经调查认定，车辆制动系统存在故障，是造成本起事故的主要原因。

（二）事故暴露出的其他问题

除上述原因外，本起事故还暴露出中型客车所属道路运输企业安全管理等方面存在的问题：

（1）中型客车所属道路运输企业对驾驶员的安全管理存在漏洞。

本起事故中，中型客车驾驶员郭某持有道路货物运输驾驶员从业资格证，无道路客运驾驶员从业资格证，不具备驾驶客车资格，中型客车所属道路运输企业未对其实施有效监督管理。

（2）中型客车所属运输企业对驾驶员的安全管理责任不落实。

中型客车在事故发生时处于超速行驶状态（该路段限速为70km/h，事故发生时车辆行驶速度约为85.6km/h），中型客车所属道路运输企业未通过“道路运输车辆卫星定位系统动态监控平台”进行及时提醒和纠正；同时，未能督促驾驶员严格执行日常车辆维护制度，做好车辆发车前、行车中、收车后的例行检查。

小提示

《道路旅客运输企业安全管理规范（试行）》相关规定

《道路旅客运输企业安全管理规范（试行）》第三十一条规定，道路旅客运输企业应当建立车辆维护制度，企业车辆技术管理机构应制订车辆维护计划，保证车辆按照国家有关规定、技术规范以及企业的相关规定进行维护。车辆的日常维护由客运驾驶人或专门人员在每日出车前、行车中、收车后执行。一级维护和二级维护应由具备资质条件的车辆维修企业执行。

三 事故原因分析

2012年我国重特大道路交通事故统计结果表明，涉及车辆故障的事故占事故总数的44%,其中，与车辆制动性能故障相关的事故占绝大多数，本节主要围绕制动过程分析、制动跑偏的形成、车辆的安全检查及维护和车辆常见故障处理四个方面进行重点分析。

（一）制动过程分析

车辆在平直的路面上行驶，制动时受力简图如图4-3所示，其中，两前轮和两后轮受力大小和方向分别相同，合力在车辆的质心处，与车辆的行驶方向相反，制动时车辆将沿着前进的方向逐渐减速直至停止。

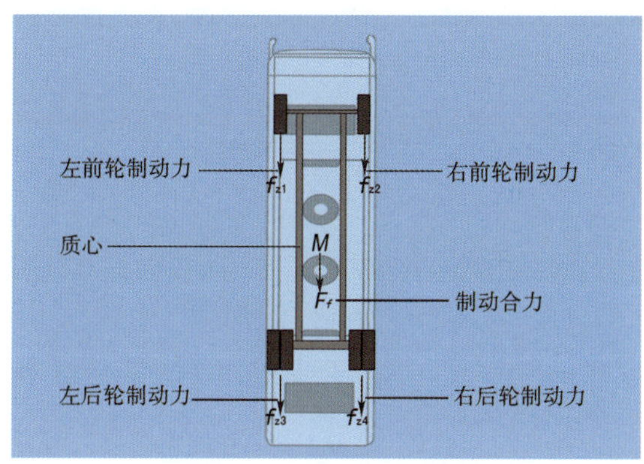

图4-3　车辆制动受力简图

（二）制动跑偏的形成

车辆质心位于车辆的纵向对称线上，当左右两侧车轮制动力大小相等时，其合力通过质心，车辆就可以平稳地沿直线方向制动。如果左右两侧车轮的制动力大小不等时，车辆两侧将产生不均衡的制动力，其合力与车辆的质心偏离，车辆在前进方向上将产生一个偏转的力矩，如图4-4所示。当偏转的力矩大于车辆所能提供的阻止水平旋转的摩擦力矩时，车辆将会偏离原来的行驶方向，这种情形称为制动跑偏。

本案例中，中型客车制动系统存在故障，驾驶员在制动时右前轮制动器提供的制动力不足，前桥左侧车轮制动力较大，导致车辆向左侧跑偏，在与中央隔离墙碰撞后，驾驶员向右急转方向，车辆撞毁右侧防护栏，坠入深沟。事故发生过程的模拟如图4-5所示。

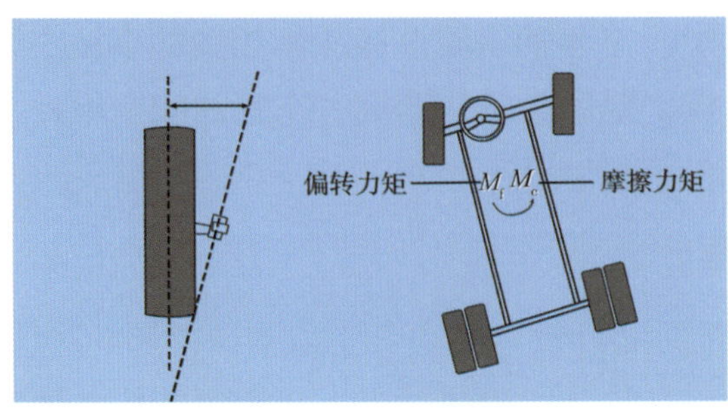

图4-4　制动跑偏机理

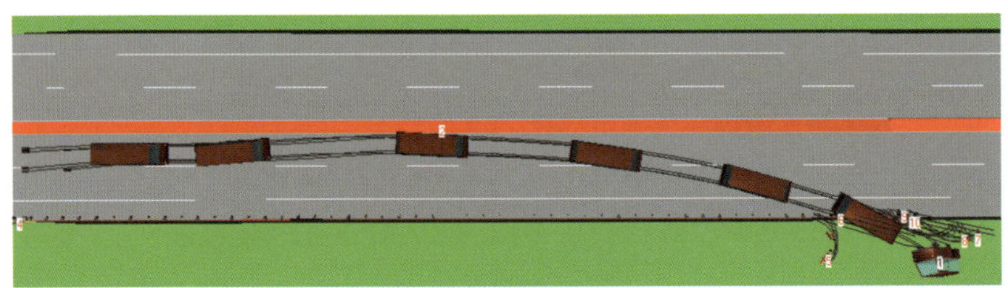

图4-5　事故过程模拟图

（三）车辆的安全检查及维护

车辆使用过程中，驾驶员除按照机动车生产企业的要求进行车辆维护外，还应执行道路运输管理部门制定的车辆维护制度，包括日常检查和维护、一级维护和二级维护。《汽车维护、检测、诊断技术规范》（GB/T 18344—2001）对车辆的维护内容做出了详细的规定，内容见表4-1。

车辆维护及作业内容　　表4-1

项　目	内　　容
日常维护	以清洁、补给和安全检视为作业中心内容，由驾驶员负责执行
一级维护	除日常维护作业外，以清洁、润滑、紧固为作业中心内容，并检查有关制动、操纵等安全部件，由维修企业负责执行
二级维护	除一级维护作业外，以检查、调整转向节、转向摇臂、制动蹄片、悬架等经过一定时间的使用容易磨损或变形的安全部件为主，并拆检轮胎，进行轮胎换位，检查调整发动机工作状况和排气污染控制装置等，由维修企业负责执行

从表4-1可以看出，车辆的日常维护是由驾驶员负责完成作业，一级维护和二级维护是由维修企业负责完成作业。

车辆日常维护是由驾驶员在每日出车前、行车中和收车后负责执行的车辆维护作业，主要作业内容有以下三个方面：

（1）对汽车外观、发动机外表进行清洁，保持车容整洁。

（2）对汽车各部润滑油（脂）、燃油、冷却液、制动液、各种工作介质、轮胎气压进行检视补给。

（3）对汽车制动、转向、传动、悬架、灯光、信号等安全部位和位置以及发动机运转状态进行检视、校紧，确保行车安全。

小知识

压缩天然气（CNG）汽车、液化天然气（LNG）汽车的日常检查方法

1. 出车前，驾驶员除按燃油车辆的检查要求对车辆进行检查外，还应检查以下项目：

（1）打开气阀前，检查确认阀口、气管接头无漏气。

（2）检查压力表是否灵敏，显示是否正常。

（3）检查燃气的储存情况，与停车前比较有无明显下降。

（4）检查各部件、管路有无松动及异常情况，如有松动、漏气等异常情况，应及时报修。

2. 行车中，驾驶员发现气瓶安全阀泄漏时，应立即关闭电源和气阀总开关，隔离现场，禁止人员、车辆及明火接近，同时迅速向有关管理人员报告及报警。

3. 收车后，驾驶员应注意以下事项：

（1）应选择通风良好、没有阳光直射的区域停放车辆，并检查车辆停放区域周围有无明火火源或易燃、易爆物品。

（2）检查系统是否正常，有无气瓶松动、漏气及其他异常现象，若有异常情况应及时报修，若车况正常，则需查看气瓶压力情况，以备次日判断系统是否漏气，然后再关闭电源和气阀总开关。

（3）驾驶员不得擅自改装燃气汽车系统，包括拆装燃气系统装置、车用气瓶，改变系统装置和车用气瓶的位置或方向。

（四）车辆常见故障处理

车辆故障是指车辆机件和电气设备部分或完全失去工作能力，致使车辆不能正常运行的现象，车辆在发生故障后如果能够及时处置，对于保障行车安全具有重要意义。车辆常见故障见表4-2。

车辆常见故障及特征　　表4-2

序号	故障现象	特　征
1	异响	总成或零部件在运行中产生的不正常响声
2	泄漏	有密封要求的部位出现漏气、漏液
3	过热	总成或零部件在运行中温度超过规定值
4	失控	总成或零部件在运行中出现操纵失灵、无法控制的现象
5	乏力	运行中，出现动力明显不足的现象
6	费油	燃油、润滑油消耗过高
7	振抖	运行中产生不正常的自身抖动
8	污染	运行中产生的有害排放物和噪声超过限值

车辆在使用过程中，会出现不同程度的故障，威胁运输安全。驾驶员掌握必要的车辆故障处理方法，可以有效预防交通事故的发生。车辆常见故障部位主要有离合器、变速器、制动系统、转向系统等，其一般的处理方法见表4-3。

车辆常见故障及处理方法　　表4-3

序号	故障内容	主要现象	处理方法
1	离合器分离不彻底	（1）发动机怠速运转或行驶时，完全踩下离合器踏板，挂挡困难或根本挂不上挡，并伴随有齿轮撞击声； （2）勉强挂入挡位后，未抬起离合器踏板或车辆起步时出现发动机熄火	应对车辆的离合器进行检查，调整、紧固或更换

续上表

序号	故障内容	主要现象	处理方法
2	变速器挂挡困难	变速器操纵杆不能或勉强挂入挡位，或者挂入挡位后很难脱挡	应对车辆的变速器进行检查，调整、紧固或更换
3	制动系统故障	将制动踏板踩到底，车辆不能立即减速、停车	应对车辆制动相关机件进行检修，调整或更换；对制动液存储量进行检查和补给
4	转向沉重	转动转向盘时，感觉沉重费力	应对车辆的转向器拉杆等部位进行检查和调整

四 案例小结

车辆故障是道路运输安全的潜在风险，加强车辆的安全检查，提高驾驶员的故障处置能力，对于提高道路运输安全水平具有重要意义。道路运输企业应严格落实车辆的安全检查制度，保障车辆技术状况良好。

（1）道路运输企业应建立健全并严格落实有关车辆安全检查和维护制度。

道路运输企业要严格落实道路运输车辆的安全检查和维护制度，严防“重形式，走过场”的行为，杜绝安全检查不合格、维护不到位的运输车辆继续从事运输经营。

（2）道路运输企业应加强驾驶员的安全培训教育。

道路运输企业应通过驾驶员的安全培训，使驾驶员认识到车辆安全检查和车辆维护的重要意义，督促驾驶员做好车辆的日常安全检查工作。

相关法律法规

1.《道路交通安全法》

《道路交通安全法》第二十一条规定，驾驶员驾驶机动车上道路行驶前，应当对机动车的安全技术性能进行认真检查；不得驾驶安全设施不全或者机件不符合技术标准等具有安全隐患的机动车。

2.《道路交通安全法实施条例》

《道路交通安全法实施条例》第十五条规定，机动车安全技术检验由机动车安全技术检验机构实施。机动车安全技术检验机构应当按照国家机动车安全技术检验标准对机动车进行检验，对检验结果承担法律责任。

3.《道路旅客运输企业安全管理规范（试行）》

《道路旅客运输企业安全管理规范（试行）》第二十七条规定，道路旅客运输企业应当加强车辆技术管理，确保营运车辆处于良好的技术状况。

4.《安全生产法》

《安全生产法》第十八条规定，生产经营单位的主要负责人对本单位安全生产工作负有下列职责：

（1）建立、健全本单位安全生产责任制；

（2）组织制定本单位安全生产规章制度和操作规程；

（3）保证本单位安全生产投入的有效实施。

案例5 客车违法携带危险货物致使车辆爆燃

——京珠高速河南省信阳市“7·22”特别重大道路交通事故案例

危险货物具有爆炸、易燃、毒害等危险特性，在生产、运输、使用和处置中，容易造成人身伤亡、财产损毁或者环境污染，因此，危险货物运输，必须是由专用危险货物运输车辆装载且由拥有相应资质的企业和运输人员承运，否则，普通车辆特别是客车携带危险货物极易引发客车燃烧事故。2011年7月22日，在京珠高速河南省信阳市路段发生的道路交通事故，是典型的因客车违法携带危险货物引发的特别重大道路交通事故，事故现场如图5-1所示。

图5-1　事故现场图

一 事故基本情况

2011年7月22日凌晨3时43分，驾驶员孙某、邹某驾驶大型卧铺客车从山东省威海市出发前往湖南省长沙市，行驶至京珠高速938km+115m处时，车内违规携带的危险品因长时间受挤压、摩擦以及发动机散热等综合因素作用，受热分解并发生爆燃，客车燃烧后继续前行145m，碰撞并冲破道路中央隔离护栏后停车，事故共造成41人死亡、6人受伤，事故过程示意图如5-2所示。

图5-2 事故过程示意图

本案例中大型卧铺客车驾驶员孙某在事故中死亡，邹某因重大责任事故罪被依法追究相应责任；大型卧铺客车所属道路运输企业经理、副经理等3人对事故发生负主要领导责任，被依法追究相应责任；危险货物生产企业控股股东、法定代表人等5人因涉嫌以危险方法危害公共安全罪被依法追究相应责任。

二 事故原因及暴露问题

（一）事故原因

根据事故调查报告，本案例中，大型卧铺客车驾驶员违法使用大型卧铺客车携带15箱共300kg危险货物（偶氮二异庚腈），在车辆行驶过程中，该货物在乘客舱内受挤压、摩擦以及发动机散热等综合因素影响受热分解并发生爆燃。经调查认定，客车违法携带危险货物是造成本起事故的主要原因。

（二）事故暴露出的其他问题

除上述原因外，本起事故还暴露出大型卧铺客车所属道路运输企业及危险货物生产企业安全管理方面存在的问题：

（1）大型卧铺客车所属企业安全管理责任不到位。

本起事故中，大型卧铺客车所属企业与事故车辆承包人签订的《营运客车承包经营合同》中含有“途中上客由乙方（承包人）自售自收”的条款，默许事故车辆长期违规站外经营。对于事故车辆长期不进站报班发车、不按规定班次线路行驶以及违规站外上客、人员超载、违规载货等安全隐患，大型卧铺客车所属企业也未进行排查治理。

（2）危险货物生产企业安全管理混乱。

引起本起车辆爆燃的危险货物生产企业未认真执行危险货物安全生产管理制度，多次违规运输危险货物。该企业销售的危险货物偶氮二异庚腈，没有化学品安全技术说明书，产品外包装也未按规定加贴或者拴挂化学品安全标签，不符合危险化学品包装标识的要求。

三　事故原因分析

近年来，发生了多起由于客车违法携带危险货物，引发的客车燃烧事故，这类事故发生时，火势较为迅猛，人员疏散困难，应急救援难度较大，往往造成群死群伤的恶性事故。本节主要围绕客车携带危险货物的危害、客车燃烧事故的特点、应急处置的难点及事故预防四个方面进行重点分析。

（一）客车携带危险货物屡禁不止的原因

一是危险货物销售企业、道路运输企业的相关人员社会责任意识、安全意识薄弱，盲目追求经济利益，忽视了广大乘客的生命安全；二是驾驶员对运输危险品的危害性认识不足，抱着侥幸心理，而且在违法运输一次成功后，认为运输危险品不会影响安全、追逐利益的心理更加强烈。

在日常生活中，驾驶员经常会遇到乘客携带汽油、煤油、油漆、酒精、金属粉、烟花爆竹等危险货物的情形，需要加以防范。

小知识

排查乘客携带危险货物的方法

（1）望：观察旅客携带的物品是否为大件物品、深色塑料袋袋装物品或桶装、瓶装物品等。此外，观察旅客神情和行为表现是否异常，是否紧张或不耐烦，是否不愿接受检查或催促检查人员等。

（2）闻：仔细判断旅客携带的物品是否有刺激性气味、芳香味或氨味等异味。

（3）问：发现可疑情形时，主动询问旅客携带的是何物品，同时注意礼貌用语，避免与乘客发生言语或肢体冲突。

（二）客车燃烧事故的特点

客车燃烧事故中，安全疏散时间是应急处置的重要指标，它是指从火苗出现到火势扩散的过程中，允许人员安全疏散的最短时间，其长短受引火源、燃烧位置等多种因素的影响。客车易起火的部位主要有发动机舱、行李舱、乘客舱和轮胎，如图5-3所示。

图5-3　客车起火部位示意图

客车燃烧事故中，不同的起火部位，具有不同的燃烧特点，人员安全疏散时间也不同，见表5-1。

不同部位起火特点及人员安全疏散时间　　表5-1

起火位置	安全疏散时间	特　点
乘客舱	90s	若乘客舱发生燃烧，开口越大，爆燃发生的时间越快，越不利于人员逃生，通风良好条件下客车在120s内即产生爆燃
发动机舱	3min	若发动机舱发生燃烧，通风状况良好时，客车在500s内发生爆燃，若考虑环境风的影响，客车发生爆燃的时间会提前至400s甚至更早，风速会加剧燃烧的危险性
行李舱	7min	若行李舱发生燃烧，通风状况良好时，客车在630s内发生爆燃，若考虑环境风的影响客车发生爆燃的时间会提前至520s甚至更早，风速使燃烧更加迅猛；当行李舱有易燃易爆危险品时，火焰会迅速点燃整个车厢
轮胎	8min	若轮胎发生燃烧，通风状况良好时，客车在540s内发生爆燃，较大的风速会抑制轮胎火灾，阻碍火焰向车厢蔓延，延迟爆燃的发生，一旦火焰蔓延至车厢后会迅速点燃整个车厢

（三）客车燃烧事故应急处置的难点

客车燃烧事故初期通常难以察觉，随后燃烧猛烈、蔓延迅速，燃烧过程中伴随产生大量的有毒浓烟，乘客疏散困难、灭火难度较大。

① 乘客疏散困难

安全疏散时间极短，组织人员安全疏散存在以下困难：

（1）当客车发生火灾时，乘客恐慌引起车内秩序的混乱，延误逃生时间。

（2）当客车发生火灾时，伴有浓烟、温度升高、氧气浓度下降，乘客逃生机能下降。行李舱火灾事故烟气运动模拟图如图5-4所示。

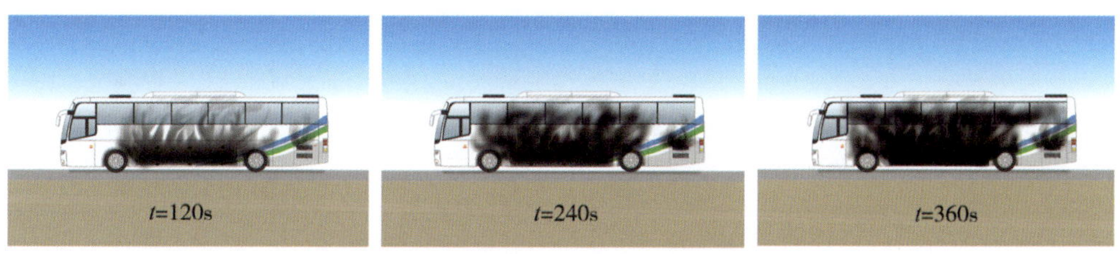

图5-4　行李舱火灾事故烟气运动模拟图

（3）由于安全意识不足，一些行李物品、堆积在安全通道内或安全出口附近，当车辆发生火灾事故时，阻碍乘客安全逃生。拥挤的过道如图5-5所示。

（4）卧铺客车通道狭窄，遇到突发事件时易出现拥挤、堵塞等情况，乘客难以及时疏散。狭窄的过道如图5-6所示。

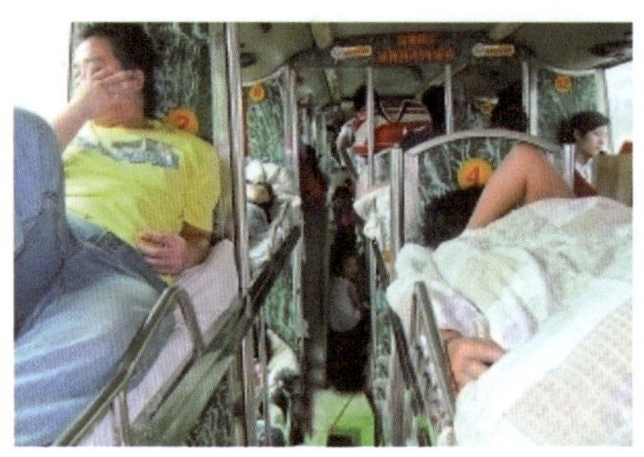

图5-5 拥挤的过道

图5-6 狭窄的过道

② 灭火难度较大

客车燃烧时，火势发展迅猛，灭火存在以下困难：

（1）由于车辆自身部件，内饰材料及卧具等具有可燃性，一旦发生火灾，火势极易沿车体蔓延扩散。表5-2为车辆常用材料的燃烧特性。

（2）当乘客携带易燃易爆物品时，将引发火灾并加剧火势的快速蔓延。

（3）车辆携带的灭火器灭火效能有限。

车辆常用材料的燃烧特性 表5-2

物 品	材 料	点燃温度(℃)	燃烧热(kJ/kg)
座椅	纺织物，聚氨酯泡沫	350	15000 ~ 30000
窗帘	纺织物	350	15000
车身顶围与侧围	内衬PVC，聚氨酯泡沫填充	350	19000 ~ 30000
行李架	PVC	507	19000
地板	胶合板，外附PVC面板	400	18700
地毯	复合物	290	22300
仪表台	ABS塑料+聚氨酯泡沫填充	466	35260
轮胎	天然橡胶	350	32000

（四）客车燃烧事故的应急处置

客车燃烧后，应急处置措施不当是事故损害后果扩大的重要原因。因此，在发生客车燃烧事故后，驾驶员要采取及时有效的措施，以减小客车燃烧事故的损害后果。

① 人员疏散

客车燃烧时，车厢内温度升高，氧气浓度下降，会伴随产生大量的有毒浓烟，旅客逃生的生理机能也随着时间的推移逐渐下降。因此，停车后，驾驶员应立即开启车门，组织人员安全疏散，如图5-7所示。同时应注意以下几点：

（1）驾驶员要保持冷静，组织乘客选择正确的逃生方法和路线，维持乘客逃生秩序，避免出现挤压踩踏情况，警告乘客盲目乱窜和盲目跳车都会影响疏散的效果，增加受伤的几率。

（2）车内浓烟使得视线不清时，乘客可抓住前方乘客的衣角跟随逃离，同时要用衣物或毛巾（湿毛巾效果更好）捂住口鼻，不要盲目呼喊，防止烟雾和有毒气体进入呼吸道，造成呼吸道损伤或窒息。

（3）当火焰逼近、无法躲避时，可用身体猛压火焰，冲出一条生路。冲出时，应及早脱去化纤类衣物，注意保护裸露的皮肤，不要张嘴呼吸或高声呼喊。

（4）驾驶员逃离着火车辆前，应关闭点火开关、电源总开关和油箱开关。

图5-7　安全疏散示意图

小知识

客车燃烧时的逃生方法

1. 从应急门逃生

应急门的通道较大，乘客逃生时相对较容易。应急门的开启与关闭，通常由驾驶员操纵仪表盘附近的按钮来实现（图5-8），当驾驶员无法开启应急门时，可通过门上设置的操纵应急阀手动开启。

图5-8　应急门开启按钮

2. 从应急窗逃生

目前营运客车的车窗多为封闭式的，其中标有“安全出口”或者“EXIT”标志的车窗为应急窗，须借助安全锤等工具才能敲开，安全锤通常固定在应急窗的一侧。

应急窗的钢化玻璃上有引导性敲击标志，按其指示部位敲击即可（图5-9）。如没有标志，则需先用力敲击玻璃的边缘和四角，再猛力敲击其中部，即可破窗而出。

图5-9　敲击应急窗

3. 从安全顶窗逃生

当车辆发生事故，尤其是侧翻事故时，安全顶窗可作为乘客的撤离通道，将扳手旋转90°，用力向外推出天窗即可打开。

② 控制初期火势

驾驶员在组织人员安全疏散后，尽快使用灭火器对燃烧部位进行灭火，控制火势蔓延，避免爆炸。

（1）如果是发动机舱内着火，应迅速关闭发动机，尽量不打开发动机罩，从车身通气孔、散热器及车底侧进行灭火，如图5-10所示。

图5-10　发动机舱着火时的灭火示意图

（2）如果客车车厢内冒烟或出现火苗时，在组织人员疏散的同时迅速进行灭火，争取在初期阶段就控制火情。

（3）若篷式货车或厢式货车装运的货物着火，尤其是当货物为危险品时，不要打开货厢门，否则会导致火势迅速蔓延。

四 案例小结

客车携带危险货物极易引起客车燃烧，由于客车燃烧发生后，应急处置难度大，往往造成群死群伤的恶性事故。道路运输企业应加强对乘客携带物品的安全检查，加强驾驶员的安全教育，杜绝携带危险货物上车。

（1）道路运输企业要加强对乘客携带物品的安全检查。

道路运输企业应加强对运营车辆的安全检查，坚决杜绝易燃、易爆物品上车。不仅在站内要对乘客托运及携带的物品进行安全检查，在站外规定地点载客、载物时也要加强对物品的安全检查，防止危险物品上车，以免对乘客的生命财产造成威胁。

（2）道路运输企业要加强驾驶员的安全培训教育，提高驾驶员的安全意识。

道路运输企业要加强驾驶员的安全培训教育，尤其要注意常见危险货物辨别和处置的安全常识的学习，提高驾驶员的安全意识和对燃烧事故的防范能力与应急处置能力。

（3）加强客车运输安全的社会宣传。

道路运输安全相关管理部门要通过社会宣传，使全社会认识危险货物的特性及客车携带危险货物发生事故的严重后果，使旅客遵守相关规定，携带危险货物乘车，危险货物运输企业也严格按照相关规定从事危险货物运输。

小提示

相关法律法规

1.《道路交通安全法》

《道路交通安全法》第四十八条规定，机动车载人不得超过核定的人数，客运机动车不得违反规定载货。第六十六条规定，车人不得携带易燃易爆等危险物品，不得向车外抛洒物品，不得有影响驾驶人安全驾驶的行为。

2.《道路运输条例》

《道路运输条例》第十七条规定，旅客应当持有效客票乘车，遵守乘车秩序，讲究文明卫生，不得携带国家规定的危险物品及其他禁止携带的物品乘车。第三十五条规定，道路运输车辆运输旅客的，不得超过核定的人数，不得违反规定载货。第四十一条规定，道路运输站（场）经营者应当对出站的车辆进行安全检查，禁止无证经营的车辆进站从事经营活动，防止超载车辆或者未经安全检查的车辆出站。

3.《道路旅客运输企业安全管理规范（试行）》

《道路旅客运输企业安全管理规范（试行）》第三十二条规定，道路旅客运输企业应当定期检查车内安全带、安全锤、灭火器、故障车警告标志的配备是否齐全有效，确保安全出口通道畅通，应急门、应急顶窗开启装置有效，开启顺畅，并在车内明显位置标示客运车辆行驶区间和线路、经批准的停靠站点。第四十七条规定，道路旅客运输企业应当规范运输经营行为。班线客车要严格按照许可的线路、班次、站点运行，在规定的停靠站点上下旅客，不得随意站外上客或揽客，不得超员运输。驾乘人员要对途中上车的旅客进行危险品检查，行李堆放区和乘客区要隔离，不得在行李堆放区内载客。

4.《安全生产法》

《安全生产法》第十八条规定，生产经营单位的主要负责人对本单位安全生产工作负有下列职责：

（1）建立、健全本单位安全生产责任制；

（2）组织制定本单位安全生产规章制度和操作规程；

（3）保证本单位安全生产投入的有效实施。

二十三条规定，生产经营单位的安全生产管理机构以及安全生产管理人员应当恪尽职守，依法履行职责。危险物品的生产、储存单位以及矿山、金属冶炼单位的安全生产管理人员的任免，应当告知主管的负有安全生产监督管理职责的部门。

案例6 车辆爆胎致使车辆失控坠崖

——贵州省道真县“2·18”重大道路交通事故案例

轮胎是车辆与路面之间的接触介质，不仅承载着车辆全部的荷载，而且承担着车辆的转向、加速、制动等主要功能，是保障车辆运行安全的重要部件。车辆在行驶过程中一旦爆胎，驾驶员对车辆的操控效果将受到严重影响，转向、制动等均达不到预期的效果，甚至出现操作失灵诱发交通事故。2012年2月18日，在贵州省道真县发生的道路交通事故，是典型的因车辆爆胎引发客车失控坠崖的重大道路交通事故，事故现场如图6-1所示。

图6-1 事故现场图

一 事故基本情况

2012年2月18日中午12时10分，驾驶员冯某驾驶一辆中型客车（核载19人，实载35人），由遵义市道真县大磏镇开往石仁村，行驶至207省道8km+400m处，左前轮爆胎，车辆失控，坠入道路左侧垂直高度约6m的深沟，事故共造成13人死亡、22人受伤，事故过程示意图如图6-2所示。

图6-2　事故过程示意图

本案例中，中型客车驾驶员冯某在事故中死亡，免于责任追究；中型客车所属道路运输企业主要负责人对事故发生负主要领导责任被依法追究刑事责任；相关安全管理人员被分别处以党纪、政纪处分。

二 事故原因及暴露问题

（一）事故原因

根据事故调查报告，本案例中，中型客车左前轮的轮辋槽底存在陈旧性破裂，在行驶过程中，因陈旧性裂口割破内胎，致使左前轮轮胎爆胎，车辆失控。经调查认定，车辆技术状况不良，致使车辆爆胎是造成本事故的重要原因。

（二）事故暴露出的其他问题

除上述原因外，本起事故还暴露出中型客车所属道路运输企业在安全管理等方面存在的问题：

本起事故中，中型客车所属企业安全管理主体责任不落实。中型客车核载19人的客车，实际载客35人，超载率为84%，增加了事故的损害后果，中型客车所属道路运输企业未通过“道路运输车辆卫星定位系统动态监控平台”对驾驶员的超载运营行为给予及时提醒和纠正。

三 事故原因分析

近年来，全国范围内发生了多起因车辆爆胎引发的道路交通事故，此类事故的根本原因是爆胎引起车辆行驶状态瞬时发生剧烈变化，驾驶员未能进行及时有效的处理，进而造成车辆失控。本节主要围绕轮胎的作用、爆胎的危害、爆胎的形成原因和爆胎的预防四个方面进行重点分析。

（一）轮胎的作用和使用原则

① 轮胎的作用

轮胎直接与路面接触，工作时不但与悬架共同缓和汽车行驶时所受到的冲击，保证汽车的乘坐舒适性和行驶平顺性，还要承受负载、传递牵引力和制动力，保证汽车的牵引性、制动性和通过性，轮胎的结构如图6-3所示。

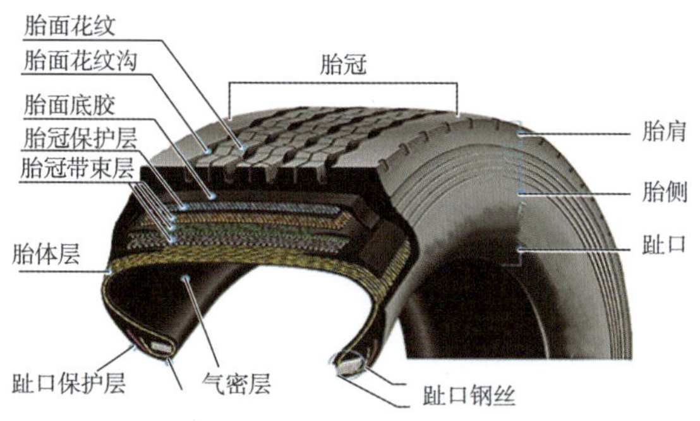

图6-3　轮胎结构图

② 轮胎的使用原则

轮胎的技术状况是确保汽车安全行车的前提和保障，尤其是前轮。根据《轮胎使用与保养规程》（GB/T 9768—2008）等标准规范的要求，同一车轴应该装用同一品牌、规格、结构等要求的轮胎。

（1）规格相同。不同规格的轮胎其充气后外直径和断面宽都不一样，装在同一车轴上会引起载荷分布不均匀。

（2）结构相同。结构不同的轮胎其缓冲性能、周向变形都不同，如子午线轮胎和斜交轮胎，当装在同一轴上会使得负荷分布不均匀。

（3）材质相同。主要是指轮胎帘线的材料应相同，不同帘线材料的轮胎其胎体厚度、帘线强度、散热性能等都有较大的差异，不能混装使用。如全钢子午线轮胎和纤维子午线轮胎，具有不同的帘线材料。

（4）层级相同。层级表示轮胎的负荷级别，不同层级的轮胎其气压标准、负荷能力不同，轮胎变形系数不同，不能混装使用。

（5）花纹相同。轮胎的花纹不同，不仅磨耗有差别，而且与地面的附着系数有差别，影响汽车的平顺性，紧急制动时会出现单边和甩尾现象。

为了确保道路运输车辆技术状况良好，《机动车安全运行技术条件》（GB 7258—2012）和《营运客车类型划分和等级评定》（JT/T 325—2012）分别对不同使用发生的营运车辆轮胎做出了相应要求。《机动车安全运行技术条件》（GB 7258—2012）第9.1规定，公路客车、旅游客车和校车的所有车轮及其他机动车的转向轮不得装用翻新的轮胎；其他车轮如使用翻新的轮胎，应符合相关标准要求。《营运客车类型划分和等级评定》（JT/T 325—2012）标准中规定，大型高三和特大型高二、高三级客车轮胎中还必须安装轮胎胎压监测装置。

小知识

斜交轮胎与子午线轮胎的主要区别

普通斜交轮胎胎体与缓冲层帘线按一定的角度交叉排列。其优点主要有：胎体结构坚实、轮胎两侧不易损坏等。缺点主要有：使用寿命较短、缓冲性能较差、滚动阻力大等。

子午线轮胎胎体的帘布层排列方向与轮胎横断面方向一致，成圆环状排列，同时在圆周方向上有一层带束层。其优点主要有：使用寿命长、缓冲性能好、耐磨性能好、滚动阻力小、散热性能好、操纵性能好等；缺点主要有：轮胎两侧易磨损、低速时方向盘较重等。

（二）爆胎的危害

车辆爆胎后会引起车辆性能瞬时发生剧烈变化，如出现车辆跑偏、转向困难等，严重影响行车安全。

①车辆跑偏

车辆爆胎后轮胎会快速泄气，引起车轮垂直荷载（垂直荷载可以理解为车轮在垂直方向所受的力）的变化，以某型号大型客车轮胎为例，运行车速为100km/h，车轮垂直荷载的突变情况与轮胎泄气时间的关系见表6-1。

轮胎泄气时间与轮胎载荷变化 表6-1

泄气时间	0.1s	0.2s	1s	2s	5s
轮胎载荷变化量	3200N	3000N	2500N	1500N	500N

由表6-1可以看出，随着轮胎的泄气时间增加，车轮垂直荷载的变化幅度减小，泄气时间长度大于 1.0s 时，车轮的垂向载荷变化幅度便得到了很大的衰减。垂直荷载的变化会导致车辆跑偏，当泄气时间为5.5s时，车轮的垂直荷载趋于稳定，车辆的运行状态也将趋于平稳。

表6-2给出了车辆不同泄气状态下，车辆自泄气开始到第5.5s产生的横向偏移量，从表6-2可以看出，当轮胎完全泄气时间越短，车辆横向偏移量越大。因此，车辆爆胎后，轮胎的性能变化导致车辆的行驶状态出现剧烈变化，侧倾、俯仰同时产生，车辆开始摇晃和侧向跑偏，当侧向力增大到一定程度，就会引起车辆侧翻。

泄气时间与横向偏移量 表6-2

类　型	急速泄气	快速泄气	泄气	缓慢泄气	慢速泄气
轮胎完全泄气时间（s）	0.1	0.2	1	2	5
5.5s时横向偏移量（m）	10.3	10.0	9.4	8.0	4.6

②转向困难

车辆爆胎后会引起车轮垂直载荷的下降，通过零胎压轮胎力学特性试验，可以得到轮胎爆胎后的性能。以某类型轮胎为例，在垂直载荷为1890N和3700N的情况下，分别进行轮胎胎压为0和250kPa的轮胎试验，试实验结果见表6-3。

不同胎压载荷分布　　表6-3

胎　压（kPa）	垂直载荷（N）	滚动阻力（N）
标准气压（250）	1890	13.735
	3700	32.187
爆胎后（0）	1890	104.237
	3700	439.505

试验结果表明，相对于正常的胎压，爆胎后轮胎的滚动阻力系数增大了10～15倍。另外，爆胎后，容易出现轮胎和轮辋脱离的现象，导致轮辋直接接触地面（图6-4），此时车辆容易发生侧向滑动，当遇到障碍物时，轮辋受到冲击时可能会引起车辆侧翻。

图6-4　轮胎与轮辋脱离

③ 事故过程分析

本事故案例中，车辆爆胎后的行驶距离和行驶速度的变化，如图6-5所示。从图中可以看出，事故车辆47km/h的速度行驶至右转弯路段处，左前轮胎快速泄气，车辆重心在向左偏移的情况下继续行驶了4.1s，行驶距离约为

44m车辆因转向失控产生横向位移，随后掉入左侧路坎酿成惨祸。从上面的分析可以看出，车辆在轮胎泄气后，短距离（44m）、短时间（4.1s）时即发生车辆侧翻。

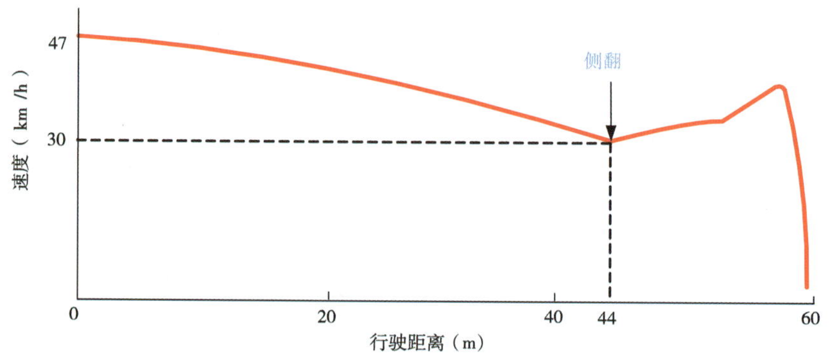

图6-5　行驶距离与行驶车速变化图

（三）爆胎的形成原因

车辆在使用过程中，轮胎气压异常、轮胎严重磨损，轮胎的非正常使用和受外力冲击等都可能造成爆胎。

① 轮胎气压异常

轮胎气压过低时，会造成轮胎两肩磨损过度，轮胎侧壁容易弯曲折断而发生爆胎；轮胎气压过高时，会造成轮胎胎冠磨损过度，轮胎的缺陷处(如损伤部位)容易破裂而发生爆胎。轮胎的磨损情况如图6-6、图6-7所示。

图6-6　胎压过低胎肩磨损严重

图6-7　胎压过高胎冠磨损严重

小知识

轮胎气压对轮胎使用寿命的影响

轮胎气压对轮胎的使用寿命有重要影响，轮胎气压高于标准胎压20%时其行驶里程将缩短9%；轮胎气压低于标准胎压20%时其行驶里程将缩短17%。轮胎气压与行驶里程的关系如表6-4所示。建议有条件的车辆安装轮胎气压监测器，该仪器在轮胎气压异常时可及时提醒驾驶员。

轮胎气压与行驶里程的关系　　表6-4

气压状况（%）		行驶里程（%）
高于标准气压	125	88
	120	91
	110	95
标准气压	100	100
低于标准气压	90	94
	80	83
	75	80

② 轮胎状况不佳

轮胎的过度磨损、老化、开裂和外伤等也是导致爆胎的主要原因，当轮胎磨损到更换标记出现时，应立即停止使用。常见非正常磨损见表6-5。

轮胎的非正常磨损情形　　表6-5

序号	轮胎现象	主要特征	形成原因	使用因素
1		层与层之间脱离	（1）变形量过大； （2）变形次数过多； （3）异常发热等	（1）轮胎气压过低； （2）超负荷使用； （3）超速行驶
2		花纹沟龟裂，沿花纹裂开	胎面花纹沟底部受伤（刺伤、垫伤）而成长为龟裂	（1）路况不良； （2）被外物刺伤，修补不良； （3）轮胎气压、负荷过高

续上表

序号	轮胎现象	主要特征	形成原因	使用因素
3		胎面中部受磨严重	胎面中部接触地面，轮胎磨损主要由胎面中部承担	（1）轮胎气压过高； （2）轮辋过窄
4		胎肩磨损严重	胎肩接触地面	（1）负荷过大； （2）轮胎气压过低
5		胎面一侧磨损，呈内、外锥状	胎面一侧接触地面较多，轮胎磨损主要由一侧承担	（1）前轮外倾角过小（内侧）或过大（外侧）； （2）半轴弯曲变形、驱动桥变形； （3）四轮定位关系被破坏； （4）频繁地行驶于急弯道路； （5）前轮轮胎长期没有换位

③ 路况不好

车辆在不同的道路上行驶时，轮胎需要承受各种变形、负荷、冲击力以及高低温度的作用，恶劣的路况对轮胎安全的影响较大，如图6-8所示，凹凸不平的路面会使轮胎连续受到巨大的冲击力，将大大增加爆胎的危险。

图6-8　不良道路上行驶的汽车

④ 超载超速行驶

车辆超载行驶时，轮胎的负荷增加，轮胎胎体变形量变大，当轮胎的负荷超过极限值时，容易发生爆胎；车辆超速行驶时，轮胎的温度会迅速升高，轮胎气压增大，加快了轮胎橡胶的老化速度，也容易产生脱层和爆胎。超载行驶的车辆，如图6-9所示。

图6-9　超载运行的大客车

小知识

轮胎负荷对轮胎使用寿命的影响

轮胎负荷对轮胎的使用寿命有重大影响。在弯路或不平路面上行驶，轮胎负荷超过标准值20%时，其使用寿命将缩短35%；轮胎负荷超过标准值50%时，其使用寿命将缩短59%；轮胎负荷超过标准值100%时，其使用寿命将缩短80%以上。

为延长轮胎寿命，车辆上轮胎的实际负荷不得超过轮胎负荷能力，同时车辆在行驶过程中应避免超速行驶、快速转弯、碾压路肩、快速起步和紧急制动等操作行为，否则会对轮胎造成严重损伤。

（四）爆胎的预防和应急处置

① 爆胎的预防措施

通过对爆胎形成的原因进行总结，为预防爆胎应做以下几方面的努力：

（1）轮胎气压要适时调整。轮胎气压过高，轮胎容易爆裂（特别是在夏天）；轮胎气压过低，车辆的行驶阻力增加，同样容易引起爆胎，因此，保持轮胎的标准气压，对于延长轮胎的使用寿命至关重要。另外，同一车轴上的轮胎应确保气压相同，否则不同气压的轮胎会导致轮胎变形不同，与地面的附着系数也会有差异，会导致车辆在制动时发生跑偏等危险情况。

（2）胎面检查要勤要准。车辆在使用过程中，要勤于检查轮胎表面的裂纹、磨损程度等情况。当轮胎花纹深度磨损到与轮胎上的极限磨损标识平齐时（如图6-10所示），需要更换轮胎。

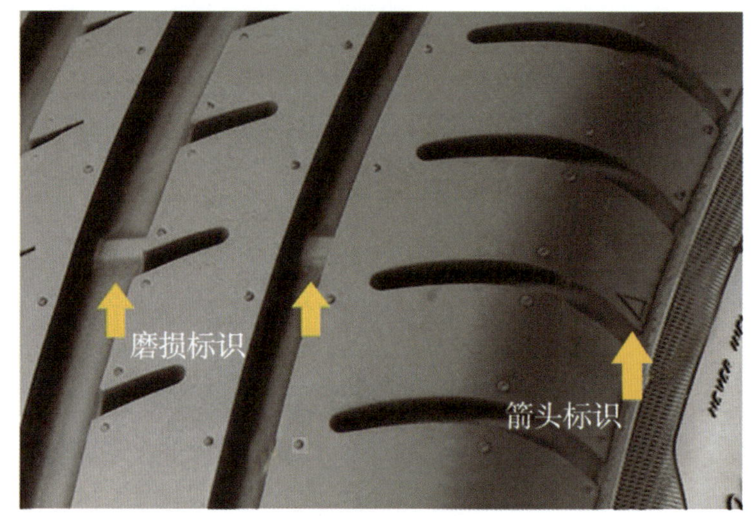

图6-10　轮胎的极限标志

（3）前后轮胎宜定期调换。不同位置的轮胎磨损程度不同，轮胎使用一定里程后，可将前后车轮的轮胎互相调换，延长轮胎的使用寿命。当车辆各个轮胎大小、形状完全相同时，可采用图6-11的轮胎换位方法。

a）前轮驱动车辆的轮胎换位

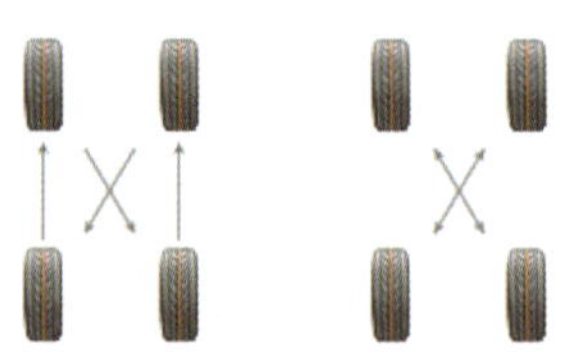

b）后轮驱动车辆的轮胎换位

图6-11　轮胎换位图

② 爆胎后的应急处置

当车辆发生爆胎后，轮胎迅速泄气，车轮的滚动半径快速减小，车辆产生俯仰和侧倾运动，车轮的垂直荷载发生转移和重新分配，并带有明显的振荡过程，驾驶员会感觉到摇摆不定、颠簸不已，严重影响驾驶员对车辆方向的控制，此时如果操作不当，则会导致交通事故的发生。通过调研表明，前轮、后轮爆胎时应采取不同的应对措施，预防车辆的跑偏和侧翻。

（1）如果是前轮爆胎，车辆会发生跑偏。此时驾驶员不能过度矫正，应该在控制车辆方向的基础上，轻轻踩下制动踏板，使车辆缓慢行驶。行车速度过高、驾驶员难以控制车速时，可利用驻车制动器均匀有力地进行制动。

（2）如果是后轮爆胎，车尾会摇摆不定。驾驶员应该保持镇定，双手紧紧握住转向盘，控制车辆保持直线行驶，并将变速器操纵杆挂入较低挡位，利用发动机制动使车辆减速，切忌慌乱中急踩制动踏板。

通常，车辆前轮爆胎的危险性更大，爆胎后的处置方法见表6-6。

爆胎后的处置方法　　表6-6

步骤	操作内容	操作要求
1		双手紧握转向盘，保持车辆直行状态
2		不要惊慌，缓抬加速踏板，切勿紧急制动

续上表

步骤	操作内容	操作要求
3		待车速降低后，轻踩制动踏板
4		观察周边环境，开启危险报警闪光灯，靠路边停车
5	150m	在车辆后方150m处放置三角警示牌

四 案例小结

轮胎对行车安全有重要影响，爆胎是造成道路交通事故的重要原因。道路运输企业要严格落实安全生产管理制度，加强车辆的安全检查，确保车辆安全技术状况良好。

（1）道路运输企业要严格落实安全管理制度，加强车辆安全隐患检查。

道路运输企业要严格按照《机动车运行安全技术条件》（GB 7258—2012）等标准规范的要求，在行车前对车辆的技术状况进行安全检查，确保车辆的技术状况良好。

（2）道路运输企业要加强驾驶员的安全培训教育，提高驾驶员应对突发情况的应急处置能力。

轮胎对保持车辆性能有重要作用，驾驶员应科学的选择和使用轮胎，同时保持良好的驾驶习惯，不超速、不超载，有效预防爆胎事故的发生。另外，驾驶员行车前要做好车辆的日常维护工作，保持车辆安全技术状况良好，若在行驶过程遇到车辆爆胎，驾驶员要保持冷静，按照安全培训的相应内容，及时合理地处置。

相关法律法规、技术标准

1.《道路交通安全法》

《道路交通安全法》第二十一条规定，驾驶人驾驶机动车上道路行驶前，应当对机动车的安全技术性能进行认真检查；不得驾驶安全设施不全或者机件不符合技术标准等具有安全隐患的机动车。

2.《道路旅客运输企业安全管理规范（试行）》

《道路旅客运输企业安全管理规范（试行）》第五十一条规定，道路旅客运输企业应当制定客运驾驶人行车操作规程，客运驾驶人行车操作规程的内容应至少包括："出车前、行车中、收车后"的车辆技术状况检查、开车前向旅客的安全告知、高速公路及特殊路段行车注意事项、恶劣天气下的行车注意事项、夜间行车注意事项、应急驾驶操作程序、进出客运站注意事项等。第五十二条规定，道路运输企业应当制定车辆日常安全检查操作规程，车辆日常安全检查操作规程的内容应至少包括：轮胎、制动、转向、灯光等安全部件检查要求和检查程序，安检不合格车辆返修及复检程序等。

3.《机动车安全运行技术条件》（GB 7258—2012）

《机动车安全运行技术条件》（GB 7258—2012）规定，公路客车、旅游客车和校车的所有车轮及其他机动车的转向轮不得装用翻新的轮胎；其他车轮如使用翻新的轮胎，应符合相关标准要求。

4.《营运客车类型划分和等级评定》（JT/T 325—2012）

《营运客车类型划分和等级评定》（JT/T 325—2012）规定，大型高三和特大型高二、高三级客车轮胎中还必须安装轮胎胎压监测装置。

冰雪道路驾驶员处置不当造成客车失控

——沪昆高速贵州省贵定县“1·4”重大道路交通事故案例

道路交通环境对交通安全有着重要影响，恶劣环境会引起驾驶员驾驶能力和车辆行驶性能的下降，是形成交通事故的主要诱因，对交通安全有重要影响的恶劣天气主要有大雾、暴雨、雪灾等。2012年1月4日，在沪昆高速贵州省贵定县境内发生的道路交通事故，是典型的因驾驶员在冰雪道路处置不当引起的重大道路交通事故，现场如图7-1所示。

图7-1 事故现场图

一 事故基本情况

2012年1月4日下午18时30分，驾驶员杨某驾驶一辆大型客车由浙江省义乌市出发，经过杭金衢高速、沪昆高速前往四川省泸州市，行驶至沪昆高速贵州省贵定县境内1765km+500m处（正值雨雪凝冻天气，路面结冰），因车速过快（行驶速度55km/h）而失控，在剐蹭中央隔离带后向右撞击右侧防护栏，再向左冲断中央隔离带和对向车道路侧防护栏，坠入路外垂直高度约8.8m深的水沟，事故共造成18人死亡、39人受伤。事故过程示意图如7-2所示。

图7-2 事故过程示意图

本案例中，大型客车驾驶员杨某在事故中死亡，非法组织包车营运的3名责任人被依法追究刑事责任，大型客车所属道路运输企业主要负责、安全管理人员及其他相关人员均被依法追究责任。

二 事故原因及暴露问题

（一）事故原因

根据事故调查报告，本案例中，该地区在事故当天为小雨夹雪天气，道路有积雪和凝冻（路面结冰），事故发生前，大型客车驾驶员杨某以55km/h的车速在冰雪道路上行驶，且处置不当，造成大型客车失控。经调查认定，驾驶员冰雪路面上未按要求保持安全车速、处置不当是造成本起事故的重要原因。

（二）事故暴露出的其他问题

除上述原因外，本起事故还暴露出大型客车所属旅游客运公司在安全管理等方面存在的问题：

（1）责任人张某非法包车、伪造车票等相关证件。

本事故中，张某在义乌市非法设揽客点组织客源，向乘客出售伪造车票，且向旅游客运公司提供伪造的“省际包车客运标志牌”、《旅游包车协议》等营运手续。

（2）旅游客运公司非法跨省营运。

旅游客运公司在自身未取得合法跨省客运包车资质的情况下，擅自安排车辆从事营运活动。

（3）旅游客运公司安全生产管理混乱。

旅游客运公司总经理、安全员对车辆调度情况不知晓，“道路运输车辆卫星定位系统动态监控平台”无专人24小时值守。

三 事故原因分析

车辆在冰雪道路行驶的操纵稳定性下降，往往是诱发冰雪道路交通事故的重要原因。道路交通事故统计结果表明，2012年，在冰雪道路上发生的交通事故约占重大道路交通事故的事故总数的15%。本节主要围绕冰雪道路对驾驶员和车辆行驶产生的影响，冰雪道路的安全驾驶技巧两个方面进行重点分析。

（一）冰雪道路对驾驶员产生的影响

车辆在冰雪道路上行驶时，由于部分交通标志、标线、路形等被冰雪覆盖辨识难度增大,且冰雪对阳光反射性强，驾驶员出现流泪、视力下降等雪盲症状，影响驾驶员的安全驾驶，冰雪道路驾驶示意图如图7-3所示。

图7-3　冰雪道路驾驶示意图

（二）冰雪道路对车辆产生的影响

① 冰雪道路车辆制动性能下降

通常情况下，干燥路面的摩擦系数最大，在0.75左右,而平坦冰面的摩擦系数最小，仅0.15～0.2。在同等行驶速度下，车辆在制动时，由于冰雪路面的摩擦系数较低，地面给车轮的摩擦阻力较小，车轮所获得的地面制动力较小，车辆的制动距离是干燥路面的4～5倍，制动性能变差。不同路面制动距离对比如图7-4所示。因此车辆在冰雪道路上行驶时，应保持较低的行驶速度和较大的安全距离。

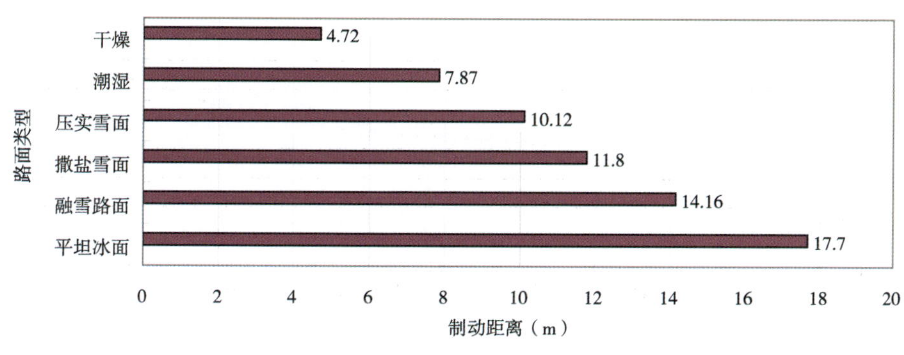

图7-4　不同路面制动距离对比

② 冰雪道路车辆转弯稳定性下降

（1）不同路面最小转弯半径

以车长12m的某大型客车满载时为例，当客车以30km/h的速度转弯时，不同路面状况下最小转弯半径如图7-5所示。从图中可以看出在干燥路面上，该车所需最小转弯半径为9.25m，而在平坦冰面上，该车所需最小转弯半径增加到30m以上，即在同等行驶速度下，平坦冰面上车辆的最小转弯半径是干燥路面的3~4倍。另外，若提高大型客车的行驶车速，则该车所需的最小转弯半径也随之增大。

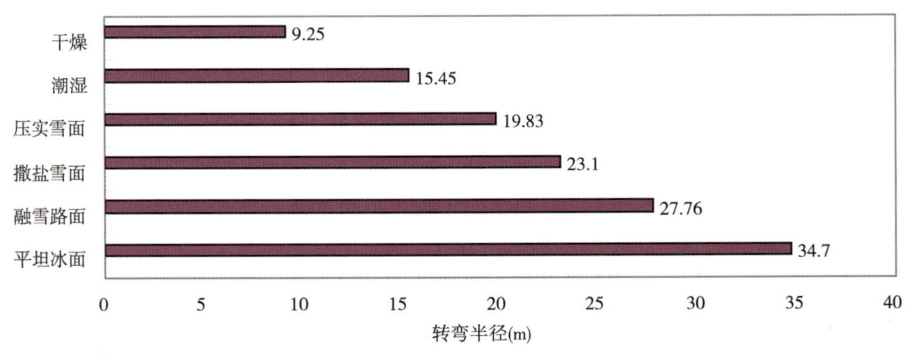

图7-5 不同路面最小转弯半径

（2）不同路面临界安全车速

以车长12m的某大型客车满载时为例，当客车以50m的转弯半径进行转向时，不同路面状况下的车辆临界安全速度如图7-6所示。

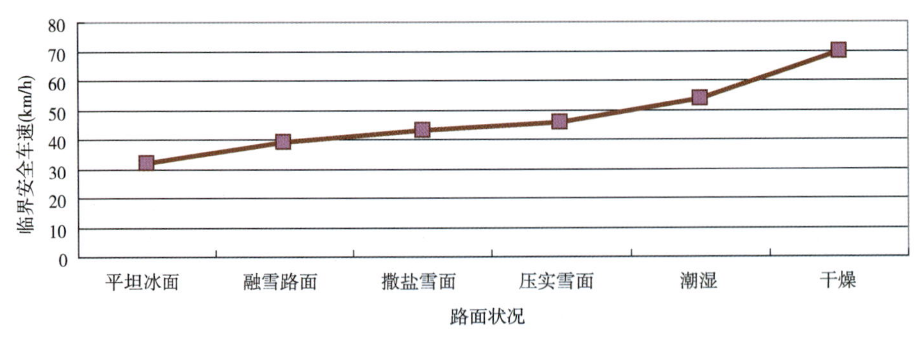

图7-6 不同路面临界安全车速

从图中可以看出，在干燥路面上行驶，该车的临界安全车速为70km/h，而在平坦冰面上，该车的临界安全车速降低到为30km/h左右。另外，若减小大型客车的转弯半径，则该车的临界安全速度也相应降低，车辆在转向时发生侧滑、侧翻的可能性就越大。

（三）冰雪道路安全驾驶技巧

① 出车前检查车辆技术状况

出车前对车辆的检查应更加细致，如要检查刮水器是否正常，轮胎是否良好等，这些方面将直接影响车辆在冰雪道路行驶时的稳定性和安全性。除此之外，车辆还需配备防滑链等行车途中可能需要的装备。

小提示

《道路旅客运输企业安全管理规范（试行）》

《道路旅客运输企业安全管理规范（试行）》第五十一条规定，道路旅客运输企业应当制定客运驾驶人行车操作规程，客运驾驶人行车操作规程的内容应至少包括："出车前、行车中、收车后"的车辆技术状况检查、开车前向旅客的安全告知、高速公路及特殊路段行车注意事项、恶劣天气下的行车注意事项、夜间行车注意事项、应急驾驶操作程序、进出客运站注意事项等。

② 保证平稳起步

冰雪道路车辆起步时，为使车辆更加平稳，可挂入比平时起步时高一级的挡位，缓慢松开离合器，采用半离合的方式调整传动力的大小，然后再缓慢加油，待车辆有足够的动力后，开始正常行驶，如图7-7所示。

③ 保持匀速行驶

冰雪道路行驶时，应尽量保持匀速行驶，驾驶员若想加速，应在略低于平常换挡转速下换挡，轻踩加速踏板，缓慢加速。若想减速停车，应先采用减挡的方式，通过发动机制动实现车辆减速，待车速降低到20km/h左右时，再逐渐增加制动力度，不能猛踩制动踏板，如图7-8所示。在加减速过程中，要密切注意车辆的行驶状况，避免车辆侧滑。

图7-7　冰雪道路起步要领

图7-8　车速的保持

④ 保持安全车距

低速行驶并与前车保持合理的安全行车距离是冰雪道路行车的关键。《道路交通安全法实施条例》第四十六条规定，冰雪天气车辆的最高行驶速度不得超过30km/h。当道路通行条件不良时，应保持较低行驶车速，与前车保持安全车距（建议大于30m）。冰雪道路车距的控制如图7-9所示。

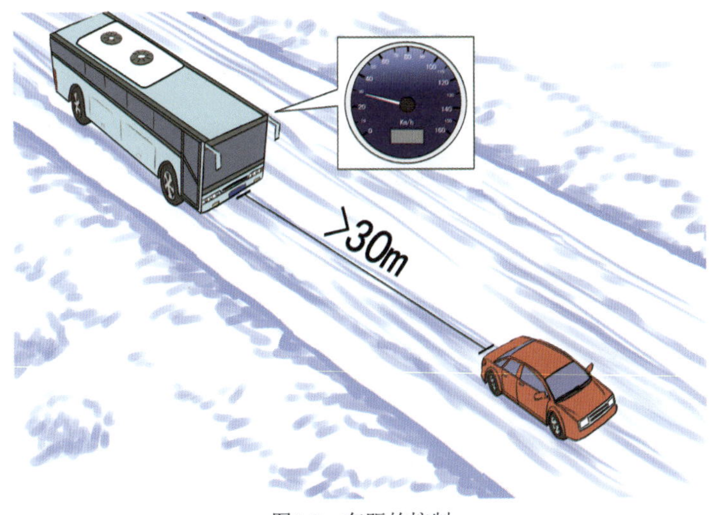

图7-9　车距的控制

⑤ 严禁急转转向盘

在冰雪路面行驶过程中需要转弯时，驾驶员需提前降低车速，稳住转向盘，慢转慢回，在道路条件允许的情况下，尽量加大转弯半径，以减小转弯时的离心力，避免车辆产生侧滑。另外，应避免在转向的同时急踩制动踏板，以免引起车辆甩尾，如图7-10所示。

图7-10　方向的控制

⑥ 避免坡道停车

驾驶员要尽量避免在坡道停车，因为冰雪道路路面附着系数较小，在坡道上停车会增加起步的难度，不得以在此路段停车时，应在车轮后部放置三角木，以防止车辆溜车。当跟驰其他车辆上坡时，为安全起见，应在前车行驶至坡顶后再开始上坡。

⑦ 及时开启除雾功能

在冰雪道路行驶，由于车内温度比车外高，车窗玻璃上容易产生水雾，此时应开启车辆除雾功能。当前风窗玻璃上有雪水或溅起的泥污时，可利用洗涤剂和刮水器进行清洗。

小知识

车辆侧滑的应对措施

当车辆出现侧滑时，切忌仅凭直觉盲目转向或制动，正确的操作方法是握稳转向盘，抬起加速踏板，迅速判明侧滑的原因，并采取相应的对应措施。侧滑主要有以下两种情形：

（1）因路况不良引起侧滑。车辆在行驶过程中，如果出现因路况不良引起侧滑，驾驶员应向车辆侧滑的方向缓转转向盘，“顺势推舟”，避免采取紧急制动措施。

（2）因制动引起侧滑。车辆在行驶过程中，如果出现因制动引起侧滑，驾驶员应立刻解除制动，根据车辆的行驶情况，若需要减速时，应谨慎使用制动踏板，可通过“点刹”的方式进行调节。

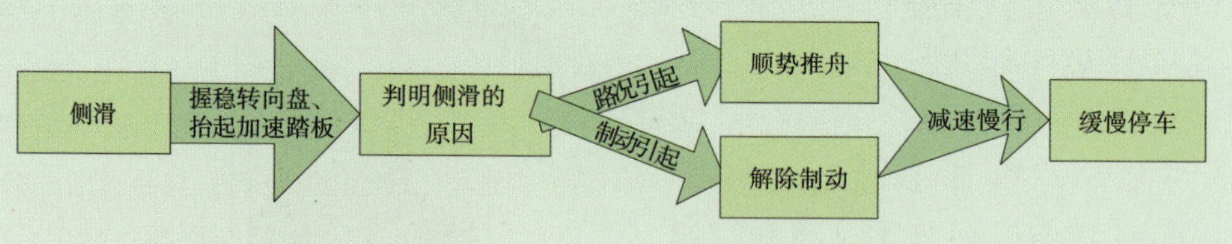

四 案例小结

道路环境往往是造成道路交通事故的诱因。道路运输企业应根据道路环境、天气状况合理安排运输任务，加强对驾驶员的安全培训，提高驾驶员的风险防范意识和恶劣天气下的安全驾驶技术。

（1）道路运输企业应建立健全安全管理制度，合理安排运输任务。

道路运输企业应根据天气状况对驾驶员的运输任务进行合理调度，建立相对完善的安全管理制度，避免驾驶员为完成运输任务在不良天气状况下出现违法驾驶的情形。

（2）道路运输企业应加强驾驶员的安全培训教育，提高驾驶员的安全驾驶技能。

冰雪道路对驾驶员的安全驾驶和车辆的稳定性都会产生不良影响，严重影响行车安全，道路运输企业要加强相关培训，驾驶员要充分重视，勤于学习，掌握恶劣天气情况下必要的安全驾驶技术。

（3）道路运输企业应做好恶劣天气下运营车辆的监管和应急防备。

道路运输企业应根据天气状况制定并落实好相应的应急预案，确保下辖车辆的行车安全，应充分利用“道路运输车辆卫星定位系统动态监控平台”，及时向驾驶员发送天气和路况等预警信息。

小提示

相关法律法规

1.《道路交通安全法》

《道路交通安全法》第十六条规定，任何单位或者个人不得伪造、变造或者使用伪造、变造的机动车登记证书、号牌、行驶证、检验合格标志、保险标志。第四十二条规定，夜间行驶或者在容易发生危险的路段行驶，以及遇有沙尘、冰雹、雨、雪、雾、结冰等气象条件时，应当降低行驶速度。

2.《道路交通安全法实施条例》

《道路交通安全法实施条例》第四十六条规定，机动车在冰雪、泥泞的道路上行驶时，最高行驶速度不得超过30km/h。

3.《道路旅客运输企业安全管理规范（试行）》

道路旅客运输企业安全管理规范（试行）》第三十五条规定，道路旅客运输企业应当对客运车辆牌证统一管理，建立派车单制度。车辆发班前，企业应对车辆的技术状况进行检查，合格后，企业签发派车单，由客运驾驶人领取派车单和车辆运营牌证。在营运中，客运驾驶人应如实填写派车单相关内容，营运客车完成运输任务后，企业及时收回派车单和运营单证。

4.《安全生产法》

《安全生产法》第五条规定，生产经营单位的主要负责人对本单位的安全生产工作全面负责。

《安全生产法》第十八条规定，生产经营单位的主要负责人对本单位安全生产工作负有下列职责：

（1）建立、健全本单位安全生产责任制；

（2）组织制定本单位安全生产规章制度和操作规程；

（3）保证本单位安全生产投入的有效实施。

案例8 山区公路驾驶员处置不当造成车辆失控坠车

——山西省晋城市“2·25”重大道路交通事故案例

道路基础设施是影响道路交通安全的重要因素。山区公路大多依山傍水而建，道路坡长弯急，技术等级较低，安保防护设施相对滞后，因此驾驶员在山区公路行车时，必须根据其地形的特点，仔细观察路况，谨慎驾驶，同时运用山区公路的驾驶技巧和方法操纵车辆，确保山路行车安全，否则，极易导致发生群死群伤的重特大交通事故。2012年2月25日，在山西省晋城市境内就发生了一起非常典型的因缺乏山区公路驾驶常识而引发的重大道路交通事故，事故现场如图8-1所示。

图8-1　事故现场图

一 事故基本情况

2012年2月25日上午9时许，驾驶员白某驾驶大型客车从河南省三门峡市义马市前往山西省晋城市泽州县五龙口旅游区，在连续急弯下坡路段超速行驶，车辆失控，撞断道路右侧水泥警示墩后坠入约41.5m深的山谷，造成15人死亡，19人受伤，直接经济损失约700余万元。事故过程示意图如8-2所示。

图8-2　事故过程示意图

本案例中，大型客车驾驶员白某对事故发生负有直接责任，被依法追究相应责任，所属道路运输企业总经理、副总经理等5人被依法追究刑事责任，另有4名相关安全管理人员，被处以党纪、政纪处分。

二 事故原因及暴露问题

（一）事故原因

根据事故调查报告，本案例中，大型客车驾驶员在山岭重丘区三级公路连续急弯路段，以37km/h的车速超速行驶（事发路段限速20km/h），遇险采取措施不当，致使客车发生坠崖事故。经调查认定，大型客车驾驶员在山区道路超速行驶、处置不当是造成本起事故的主要原因。

（二）事故暴露出的其他问题

除上述原因外，本起事故还暴露出大型客车所属道路运输企业在动态监控、安全生产主体责任落实等方面存在的问题：

（1）大型客车所属道路运输企业监控主体责任落实不到位。

本起事故中，大型客车所属道路运输企业未能有效利用“道路运输车辆卫星定位系统动态监控平台”对该车实施动态监管，对其超速行驶等违法行为未能及时发现和纠正。

（2）大型客车所属道路运输企业安全生产主体责任落实不到位。

大型客车所属道路运输企业对运输车辆运营组织管理混乱，对驾驶员的安全教育流于形式，对承包经营者的安全教育不够，安全制度落实不到位。对大型客车没有办理旅游包车手续、驾驶员有多次违法驾驶记录的情况下，没有及时进行纠正和处理，长期放任其违法经营，承包车辆的管理不到位。

常见道路运输违法经营行为及处罚措施

常见道路运输违法经营行为及处罚措施见表8-1。

道路运输违法经营行为及处罚措施　表8-1

类型	违法经营行为	处罚措施
相关证件使用	（1）未经许可擅自从事道路客运经营或者未取得道路客运班线经营许可，擅自从事班车客运经营的	道路运输管理机构责令停止经营，有违法所得的，没收违法所得，处以违法所得2倍以上10倍以下罚款；没有违法所得或者违法所得不足2万元的，处以3万元以上10万元以下罚款；构成犯罪的，依法追究刑事责任
	（2）使用伪造、变造、被注销等无效的道路客运许可证从事道路客运经营的	
	（3）取得道路经营许可的经营者使用无道路运输证件、无效道路运输证件或者超出道路运输证件表明的经营范围的车辆，从事道路运输经营活动的	道路运输管理机构责令改正，处以3000元以上1万元以下罚款
	（4）使用失效、伪造、变造的从业资格证件，驾驶道路客货运输车辆的	道路运输管理机构责令改正，处以200元以上2000元以下罚款；构成犯罪的，依法追究刑事责任
	（5）道路运输经营者不按照规定携带道路运输证件的	道路运输管理机构责令改正，处警告或者20元以上200元以下的罚款
	（6）道路运输经营者非法转让、出租道路运输许可证	道路运输管理机构责令停止违法行为，收缴有关证件，处200元以上1万元以下罚款；有违法所得的，没收违法所得

续上表

类型	违法经营行为	处罚措施
从业人员	（7）不符合规定条件的人员驾驶道路运输经营车辆或者超越从业资格证件核定范围驾驶道路客货运输车辆的	道路运输管理机构责令改正，处200元以上2000元以下罚款；构成犯罪的，依法追究刑事责任
道路运输经营	（8）未报告原许可机关，擅自终止客运经营的	道路运输管理机构责令改正，处以1000元以上3000元以下罚款；情节严重的，由原许可机关吊销道路运输经营许可证或者吊销相应的经营范围
	（9）超出核定的期限、范围、区域或者场所等许可事项从事道路运输经营的	道路运输管理机构责令停止经营，有违法所得的，没收违法所得，处以违法所得2倍以上10倍以下罚款；没有违法所得或者违法所得不足2万元的，处以3万元以上10万元以下罚款；构成犯罪的，依法追究刑事责任
道路运输经营	（10）客运车辆未按照规定使用标志牌，不按批准的客运站点停靠或者不按规定的线路、公布的班次行驶的	道路运输管理机构责令改正，处以1000元以上3000元以下罚款；情节严重的，由原许可机关吊销道路运输经营许可证或者吊销相应的经营范围
	（11）包车、旅游客运运行线路起、讫点均不在车籍所在区，或者旅游客运运行线路起讫点均不在旅游景区（点）的	
	（12）加班车、顶班车、接驳车无正当理由不按原正班车的线路、站点、班次行驶的	

三 事故原因分析

受自然条件所限，山区公路的技术等级普遍较低，临水临崖路段多，坡陡弯急，视距不足，加之有些路段受资金等方面限制安保防护设施建设滞后，发生交通事故的概率明显高于其他高等级道路。本节主要围绕山区公路的特点、山区公路对驾驶员和车辆产生的影响、山区公路的事故风险率和山区公路的安全驾驶技巧四个方面进行重点分析。

（一）山区公路的特点

山区公路通常以三级公路和四级公路为主，其普遍特征是依山而建，道路坡陡路窄，弯多弯急。本事故发生在山岭重丘三级公路，最显著的特点是弯多坡陡，道路线性复杂，坡度明显高于其他等级道路。另外，由于山区公路设计等级相对较低，安全防护设施防护能力有限，加之部分路段所处地区气象条件复杂，易受天气影响，恶劣天气较多，多重因素累加给交通安全造成的影响更加显著。

小知识

（1）我国比较典型的事故高发山区公路

我国地域广阔，道路环境复杂，山区公路较多。近年来，部分公路发生了较多的交通事故，主要线路有国道317、国道318川藏线、国道207山西晋城段、国道213、国道320黄花桥路段及晴隆二十四道拐、八达岭高速公路；太克公路（太原至宁武的公路）、鸡图公路（黑龙江省东南部地区通往吉林交通要道）。驾驶员朋友在以上路段行驶时，应格外小心，谨慎驾驶。

（2）公路等级与最高设计时速

按照我国《公路工程技术标准》，公路等级与最高设计速度见表8-2。

公路等级与最高设计速度　　表8-2

公路等级	高速公路			一级公路			二级公路		三级公路		四级公路
设计速度（km/h）	120	100	80	100	80	60	80	60	40	30	20

（二）山区公路对驾驶员和车辆产生的影响

① 驾驶员视线盲区较多

山区公路受自然条件的限制，坡陡弯急，大部分路段都存在因不同程度的视距受阻而形成的视线盲区，如图8-3所示。驾驶员视野受到影响时，驾驶员如果不按交通规则和交通标志、标线驾驶，就很容易引发交通事故。另外，山区公路路面较窄，直线路段较少，驾驶员的超车难度和风险增加；山区路段需驾驶员精神高度集中，频繁转向、换挡和加减速，容易引起驾驶疲劳。

② 道路曲线半径较小

以一段转弯半径为30m、干燥沥青路面、双向车道（路面宽度7.5m）的道路为例，选用车长8m的普通客车，对车辆的转弯过程进行模拟，如图8-4所示。

图8-3　山区公路盲区

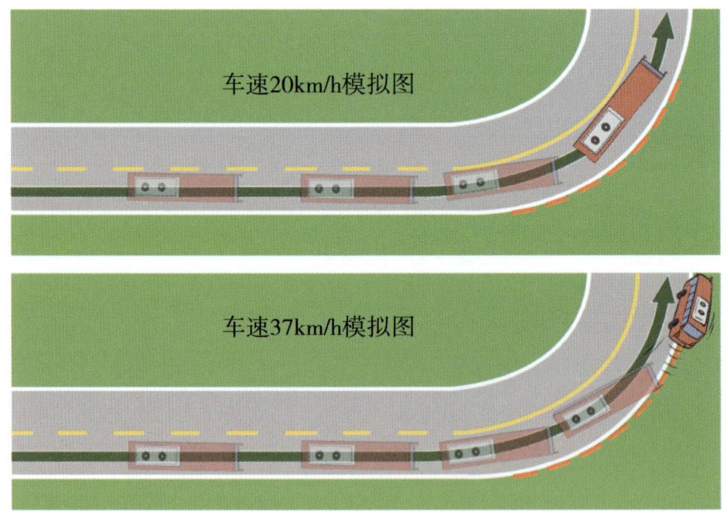

图8-4　事故过程模拟图

从模拟结果可以看出，当客车的车速不超过为20km/h时，车辆可以平顺地通过此弯道路段；当车速为37km/h时，车辆在离心力的作用下会驶离道路，无法按预期轨迹通过，车辆不具备安全通过的能力。因此，在通过转弯路段时，车速越高，路况越复杂，翻车的几率将会大大增加。

（三）山区公路事故率较高

根据德国道路交通安全研究成果表明，道路纵坡度是影响山区道路交通安全的一个重要因素。随着道路纵坡坡度的增加，交通事故率也随之增加，道路纵坡坡度与交通事故率的关系如图8-5所示。从图中可以看出，道路纵坡坡度为6~8.99时（一般为山区公路），其事故率约为纵坡为0.67时（一般是普通公路）的3倍，约为坡度0.47（一般是高速公路）时的5倍。

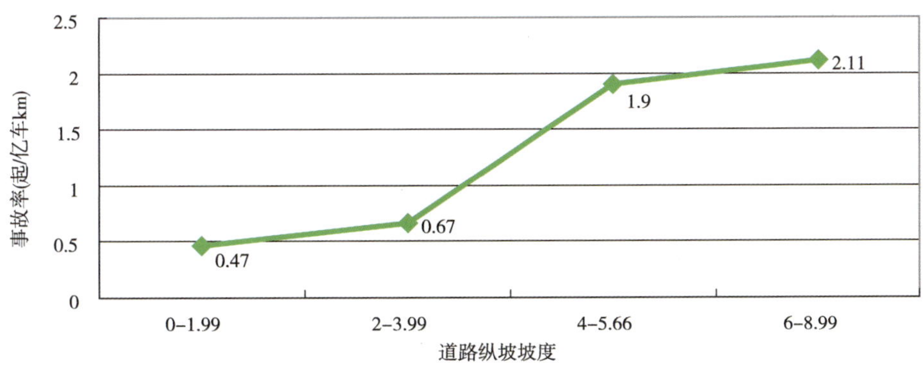

图8-5　道路纵坡与事故率

道路纵坡

顺着道路前进方向的上下坡称为道路纵坡。如道路纵坡3%，则表示沿着道路前进的方向每100m，坡度在垂直方向上的高度变化为3m。

道路纵坡对车辆的动力性和安全性有重要影响。车辆上陡坡行驶时，会使车速降低，爬坡时间过长时可引起水箱沸腾、水阻等，甚至出现发动机熄火，致使车辆攀爬无力；车辆下坡行驶时，长时间使用制动器，会引起制动蹄片温度过高，制动器出现热衰退，甚至出现制动失效的现象，致使车辆失控。

（四）山区公路安全驾驶技巧

基于山区公路的特点以及山区公路驾驶的各种不良影响因素分析，我们不难总结出山区公路驾驶应注意的一些基本技巧。

① 根据道路交通标志辨识危险

道路交通标志是用图形符号、颜色和文字向交通参与者传递特定信息，用于管理交通、保障安全的设施。山区公路常见交通标志主要有连续下坡、连续弯路、向左急转弯、反向转弯等，常见山区公路交通标志见表8-3。如果在山区公路行车过程中，遇到这些交通标志，则预示前方路段为该类型道路，驾驶员需要谨慎驾驶，及时采取正确有效地应对措施，确保行车安全。

常见山区公路交通标志　　表8-3

标志			
含义	上陡坡	下陡坡	连续下坡
标志			
含义	向左急转弯	连续弯路	反向转弯
标志			
含义	注意牲畜	注意落石	傍山险路

② 上坡前选择合适的挡位

驾驶车辆上坡行驶时，应根据坡度、长度和路面的湿滑程度，选择合适的挡位。如果路面干燥，坡陡且长，可在上坡前提速，利用惯性使车辆冲上坡道，当感觉动力减弱时，要及时减挡，不能拖挡蹿行，减挡动作力争快而不猛。如果路面湿滑，坡陡且短，仍然可用上述办法，但中途不能减挡和过度加油，以避免车辆发生侧滑。如果路面湿滑，坡陡且长，先确认车辆的性能及路面附着力是否满足爬坡的要求，在上坡前挂入低速挡，然后缓慢加油上坡。

小知识

坡顶路段注意盲区

当车辆行驶在陡峭的上坡路段，驶至最高点时，驾驶员的视线会离开路面，造成视线盲区（图8-6），假如没有提前做好避让准备，往往会因来不及避让迎面而来的行人或机动车而导致交通事故的发生。

图8-6　坡顶盲区示意图

安全行驶方法：在上坡路段行驶时，靠道路外侧行驶；当视线离开路面时，需要鸣笛，引起对向车辆注意；夜间行驶时，应通过变换的灯光进行示意。

③ 下坡行驶勿空挡滑行或长时间制动

山区公路坡陡坡长较为普遍，在坡路行驶时，进入坡道行驶前特别是下坡前应检查制动系统是否完好和操控正常。下坡行驶时，应尽量利用发动机制动效应来辅助减速。下陡坡或长坡时切忌空挡滑行或熄火滑行，应通过减挡利用发动机进行制动，未遇见特殊情况尽量不要猛踩制动踏板，以防止由于路面情况不良而引起的侧滑和翻车，也要避免长时间使用制动器，以防止其过热而不能正常工作。

④ 低速通过转弯路段

弯多弯急是山区公路的显著特点，加之山区公路普遍植被较好，树荫、路侧山坡遮挡视线的情况也较为突出，弯道驾驶较易出现安全事故。在弯道驾驶时，首先应减速慢行，减少因车辆离心力增大，操纵性、稳定性变差引起汽车侧滑、横翻的可能；其次应在车辆进入弯道前的路段，观察前方远处路段的弯道情况及对面来车，以便针对弯道路线做好驾驶准备和预防性操作，提前做好会车准备，选择在适当路段避让会车，同时还应注意提前鸣笛以警示前方来车来人。

一般的转弯驾驶技巧如图8-7所示，主要包括以下3个步骤。

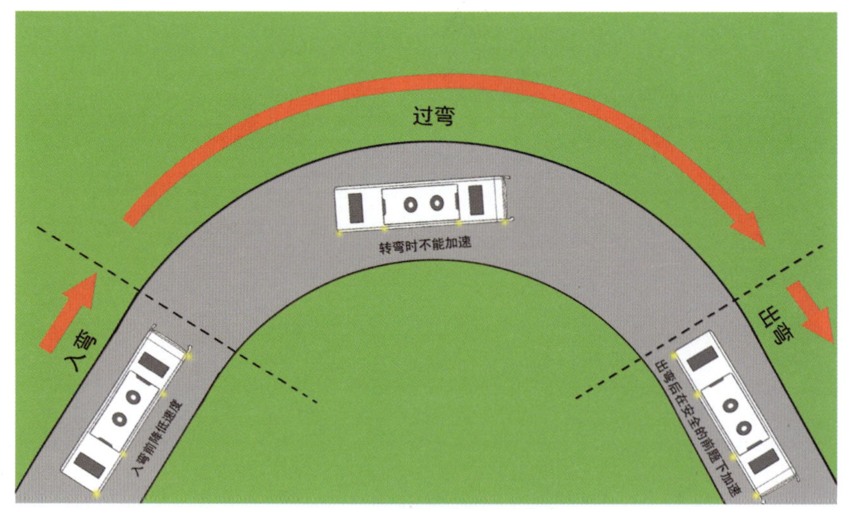

图8-7　车辆行驶弯道路段示意图

（1）入弯。弯道前部的1/3，转动转向盘并稍踩制动踏板来平衡车身，然后慢慢放松制动踏板，这部分应为转弯时最慢的一部分。

（2）过弯。弯道中间部分的1/3，转向盘保持转角不变，不加速或制动。

（3）出弯。弯道后部的1/3，转向盘逐渐回正，快速驶出弯道。

5 尽量避免坡道停车

车辆在上坡道、下坡道上短时间停车时，应踩住制动踏板，同时拉紧驻车制动器。在坡道长时间停车时，应挂入低挡，拉紧驻车制动器，下车后用三角木塞住轮胎以免后溜或前滑。车辆驶往山区公路前，应备好在坡道停车时所需的三角木等随车工具，如图8-8所示。

图8-8　山区坡道停车

6 严格控制车速

车速过快，会使车辆的操纵性、稳定性变差，甚至会出现车辆失控的情况，容易发生行车事故。一般来说在平坦的山区路况下行驶的车速应比在平原地区道路上的车速要降低20%左右，遇到路况特别差、弯道较多的特殊路段，还应进一步降低车速。

⑦ 超车和会车要减速

山区公路会车超车最大的影响因素主要是路面狭窄，一些路段上甚至无法安全会车。因此，驾驶员应提前观察来车和前车，提前鸣笛提醒，合理选择错车地点，尽量避免在急弯道、狭道上交会。视野不好的非直线路段尽量避免或减少超车次数，最好采用原挡位超车，情况容许方可采用增挡超车，必要时应提前在适宜会车地点停车错让，避让时也不要太靠近道边行驶，以免压塌路面滑下山沟。

四 案例小结

在山区道路行车，道路交通事故发生率较高，尤其是重特大道路交通事故更为突出。道路运输企业应针对山区道路开展驾驶员的安全培训教育，做好车辆的安全检查与维护工作。

（1）道路运输企业应加强驾驶员的安全培训教育，提高驾驶员在山区公路的风险辨识能力和安全驾驶技能。

在山区道路行车，驾驶员要应用安全培训的相关知识，要能够准确辨识风险源，掌握必要的山区公路安全驾驶技巧，严格按照相关规定进行驾驶，确保在山区公路上的行车安全。

（2）加强对山区公路安全行车的社会宣传。

我国地域广阔，山区公路较多，相关部门应通过社会宣传，让全社会认识山区公路存在的行车风险。同时，充分发挥乘客的安全监督作用，对于在山区公路上运行车辆出现不安全运行状态时，乘客可给予必要的提醒、监督和举报。

相关法律法规

1.《道路交通安全法》

《道路交通安全法》第二十一条规定，驾驶人驾驶机动车上道路行驶前，应当对机动车的安全技术性能进行认真检查；不得驾驶安全设施不全或者机件不符合技术标准等具有安全隐患的机动车。第四十二条规定，机动车上道路行驶，不得超过限速标志标明的最高时速。在没有限速标志的路段，应当保持安全车速。夜间行驶或者在容易发生危险的路段行驶，以及遇有沙尘、冰雹、雨、雪、雾、结冰等气象条件时，应当降低行驶速度。第四十三条规定，同车道行驶的机动车，后车应当与前车保持足以采取紧急制动措施的安全距离。有下列情形之一的，不得超车：

（1）前车正在左转弯、掉头、超车的；

（2）与对面来车有会车可能的；

（3）前车为执行紧急任务的警车、消防车、救护车、工程救险车的；

（4）行经铁路道口、交叉路口、窄桥、弯道、陡坡、隧道、人行横道、市区交通流量大的路段等没有超车条件的。

2.《道路交通安全法实施条例》

《道路交通安全法实施条例》第四十五条规定，机动车在道路上行驶不得超过限速标志、标线标明的速度。第五十九条规定，机动车驶近急弯、坡道顶端等影响安全视距的路段以及超车或者遇有紧急情况时，应当减速慢行，并鸣喇叭示意。

案例9 驾驶员应急处置不当造成车辆失控

——河南省商丘市“12·9”重大道路交通事故案例

驾驶员的应急处置能力是驾驶员自身素质和业务水平的重要体现，是影响车辆安全运行的重要因素，与行车安全直接相关。驾驶员应注重应急避险能力的培养和提升，否则，在车辆遇到突发情况时处置不当，极易造成车辆失控或侧翻重特大道路交通事故。2012年12月9日，河南省商丘市境内发生的道路交通事故，是典型的因客车在高速行驶时驾驶员避让电动自行车处置不当引发的重大道路交通事故，事故现场如图9-1所示。

图9-1　事故现场图

一 事故基本情况

2012年12月9日上午11时许，驾驶员于某驾驶一辆核载29人，实载34人的大型客车从河南省商丘市前往郑州市，行驶至310国道民权县南华大道442km处（行驶速度为86km/h），为避让同方向向左转弯行驶的一辆两轮电动自行车，于某在踩制动踏板的同时向左猛转向，致使大型客车与张某驾驶的电动自行车相撞并失控，大型客车坠入左前方池塘，造成客车乘客11人死亡，电动自行车驾驶员张某抢救无效死亡，22人受伤，事故过程示意图如9-2所示。

图9-2　事故过程示意图

本案例中，大型客车驾驶员于某因交通肇事罪被依法追究刑事责任；大型客车所属道路运输企业7名负责人因未能落实安全生产管理责任，被以重大责任事故罪依法追究相应责任。

二 事故原因及暴露问题

（一）事故原因

根据事故调查报告，本案例中大型客车以86km/h的速度高速行驶，驾驶员在避让同向行驶的电动自行车时，制动的同时猛转向，导致车辆失控。经调查认定，大型客车驾驶员应急处置不当是造成本起事故的重要原因。

（二）事故暴露出的其他问题

除上述原因外，本起事故还暴露出大型客车所属道路运输企业安全管理等方面存在的问题：

（1）驾驶员安全意识淡薄。

本起事故中，大型客车行驶至交叉路口附近路段，驾驶员未能降低车速，且应急避险处置措施不当，造成严重的交通事故。

（2）大型客车所属道路运输企业安全管理责任不落实。

大型客车所属道路运输企业未按规定对从业人员进行安全教育培训，未能及时提醒和纠正大型客车超载（核载29人，实载34人）、超速（事发路段限速为70km/h，事故发生时实际车速86km/h）的违法行为。

小提示

《道路旅客运输企业安全管理规范（试行）》

《道路旅客运输企业安全管理规范（试行）》第五十三条规定，道路旅客运输企业应当制定车辆动态监控操作规程，车辆动态监控操作规程的内容应至少包括：卫星定位系统车载终端、监控平台设备的检修和维护要求，监控信息采集、分析、处理规范和流程、违章信息统计、报送及处理要求及程序，监控信息保存要求和程序等。

三 事故原因分析

近年来，发生多起客车高速行驶时驾驶员急转向而导致侧翻或失控的事故，主要原因是客车的质心较高、高速行驶时操纵稳定性降低。本节主要围绕侧翻的形成原因、客车瞬时转向情景模拟、常见危险源及特征和突发情景的应急处置四个方面进行重点分析。

（一）侧翻的形成原因

车辆行驶过程中，离心力 $F_{离}$ 的大小与车辆行驶速度 v 、车辆总质量 m 以及转弯半径 R 有关，计算公式见式（9-1）。

$$F_{离}=\frac{mv^2}{R} \tag{9-1}$$

从式（9-1）可以看出，离心力的大小与行驶速度的平方成正比，与转弯半径成反比，也就是说在一定的转弯半径下，车速增加1倍，离心力增加3倍。驾驶员急转方向时，车辆的转弯半径骤然减小，导致离心力急剧增加，当离心力增大到一定程度时，车辆就可能发生侧翻。

（二）客车瞬时转向情景模拟

以一辆12m长的客车为例，客车的高度为3.1m，宽度为2.5m，质心高度为1.45m，后轮距为1.65m。对直线路段（摩擦系数0.75）车速为80km/h时驾驶员瞬时向左转向120°、140°、160°（分别代表驾驶员在突发情况下本能反应的较小转向盘转向角、中等转向盘转向角、较大转向盘转向角）的情景进行模拟，车辆的行驶轨迹见表9-1。

不同转向角车辆行驶轨迹图　　表9-1

转向角度	车辆行驶轨迹模拟	备　注
120°	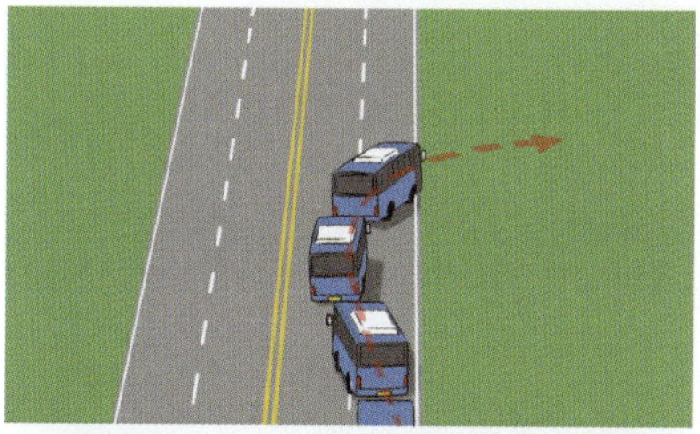	驾驶员瞬时左转120°并回正，车辆虽然可以驶回原道路，但已接近临界侧翻状态，若道路状况不良，车辆可能发生侧翻
	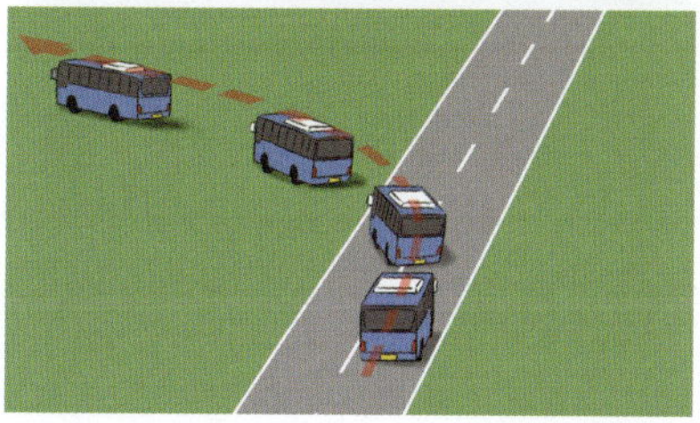	驾驶员瞬时左转120°，如不能及时回正，车辆则驶出路面，而且车辆已经接近临界侧翻的状态

续上表

转向角度	车辆行驶轨迹模拟	备　　注
140°	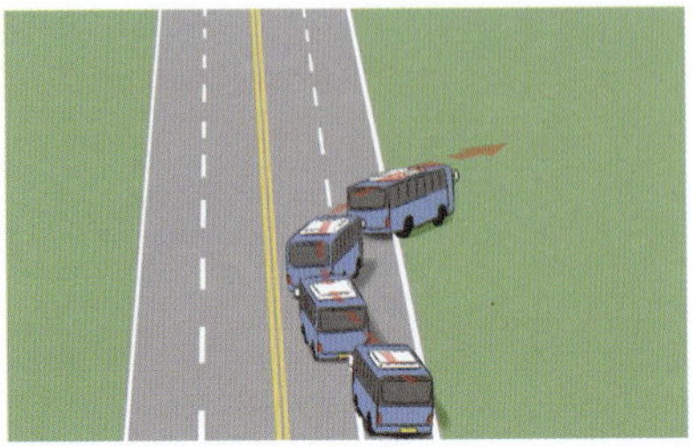	驾驶员瞬时左转140°并回正，车辆形成向右急转弯的态势，车辆右侧车轮即将离开地面，处于临界侧翻状态
	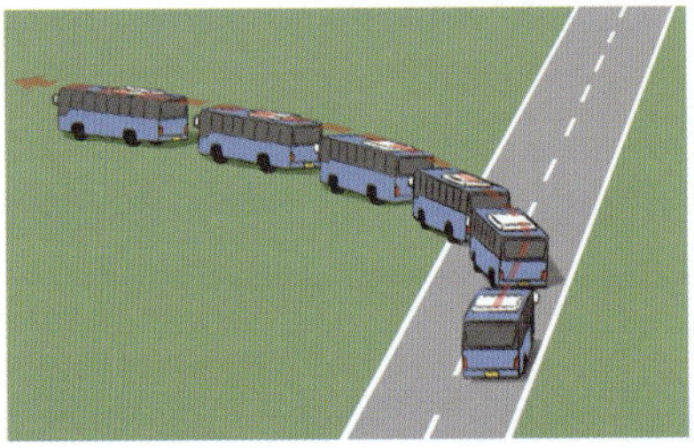	驾驶员瞬时左转140°，车辆向左急转弯，由于离心力的作用，车辆左侧车轮即将离开地面，处于临界侧翻状态
160°	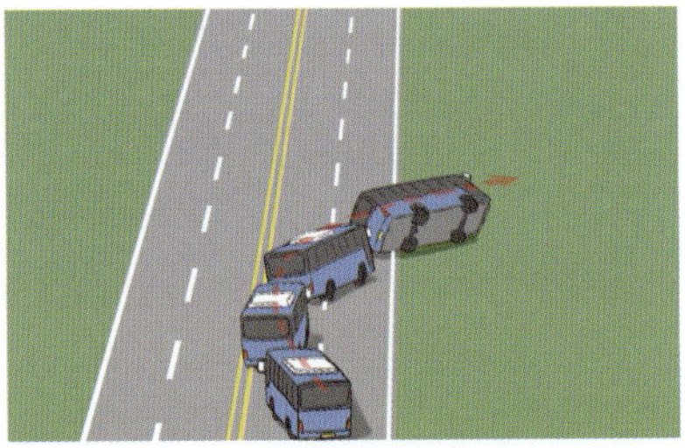	驾驶员瞬时左转160°，车辆发生侧翻
	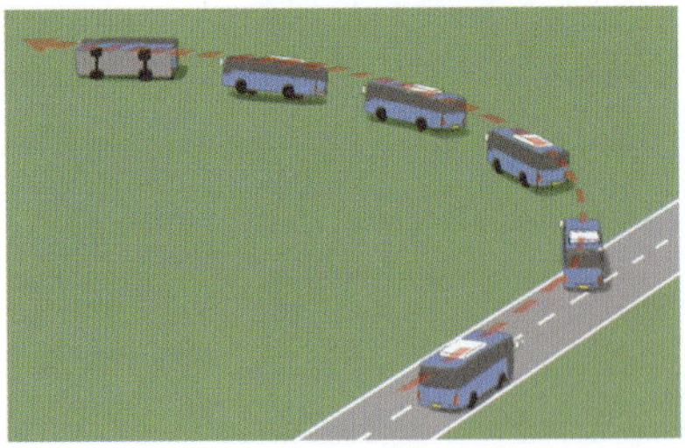	

根据模拟结果可以看出，车辆高速行驶时（车速80km/h），驾驶员在突发情况下急转向非常危险，极易造成车辆侧翻。

这起事故发生时，大型客车的行驶速度为86km/h，运用交通事故再现软件对事故的发生过程进行了模拟，图9-3为事故再现的情景。

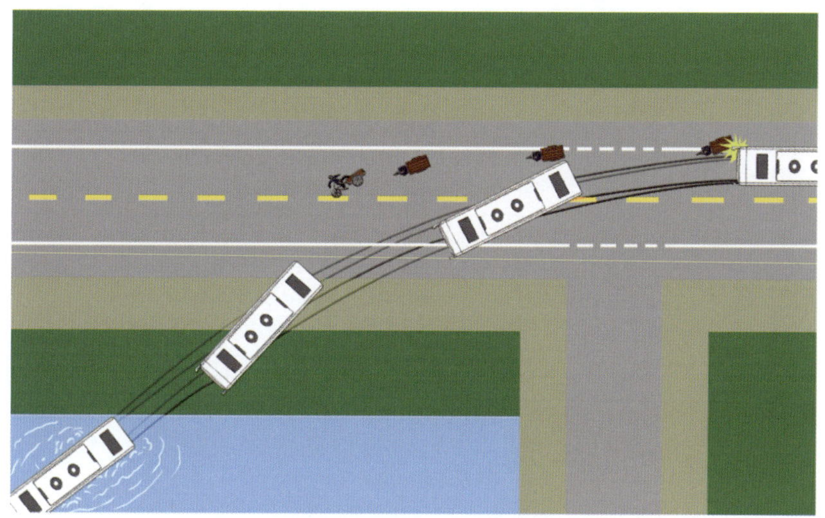

图9-3　事故再现模拟情景图

通过对事故情景的模拟研究发现，当大型客车以86km/h的速度行驶时，驾驶员采取制动时急转向的避险方式无法避免事故的发生，既造成与电动自行车碰撞，又使得大型客车侧翻。若事故当中大型客车的行驶速度较低，遇到突然左转弯的电动自行车，就能够有充足的时间进行应急处置，采取正确的防御性驾驶措施进行避让。

（三）常见危险源及特征

行车中，驾驶员要不断地对交通状况、道路条件等进行观察，对行车中潜在的各种交通风险预先做出判断，才能从容应对各种危险情景，有效避免交通事故的发生，常见危险源及特征见表9-2。

常见危险源及特征　　表9-2

序号	危险源类型	特　征
1	超速行驶	（1）车辆的制动距离增加； （2）驾驶员的视野变窄，反应时间延长； （3）车辆的操纵稳定性下降

续上表

序号	危险源类型	特　征
2	违法超载	（1）影响车辆的操纵性能； （2）增加了事故的损害程度
3	制动系统故障	制动效能下降，易造成制动失效
4	转向系统故障	（1）易出现转向不足或转向过度； （2）易出现转向操作困难
5	照明、信号装置故障	影响驾驶员视野，其他车辆不能准确判断行车意图
6	高速公路	（1）交通环境单一，易导致疲劳驾驶； （2）高速情况下出现行人等，易处置不当
7	城市道路	（1）交叉路口机动车、非机动车、行人易形成混合交通，交通冲突点多； （2）出租汽车强行超车、会车情形比较常见，与其他车辆形成交通冲突； （3）上下班高峰期，“中国式过马路”影响行车
8	山区道路	（1）临水临崖路段较多，坡陡弯急； （2）长大下坡路段，易导致制动失灵； （3）易出现驾驶员视线受阻的情况； （4）自然灾害频发，影响行车安全

（四）突发情景的应急处置

行车中，当出现紧急情况时，驾驶员最基本的处置原则：首先要保持沉着冷静，迅速观察车辆前方及周边的交通状况；其次是握紧转向盘，立即减速；然后在车速降低后，采取正确的防御性驾驶措施。

① 高速行驶时的应急避险

车辆高速行驶时，操纵稳定性下降，急转向极易造成甩尾或侧翻，因此，不能采取急转向的避险措施，即使需要调整方向，转向幅度也不能太大。

② 制动失效的应急处置

车辆制动失效时，首先握稳转向盘控制车辆的行驶方向，其次观察车辆前方和周边的交通状况，开启危险报警闪光灯、交替变换远近光灯、鸣喇叭或打手势，向其他道路交通参与者发出警示信号；同时挂入低挡靠发动机制动减速，并均匀而用力地拉紧驻车制动器。

③ 转向失效的应急处置

车辆转向失效时，首先应立即抬起加速踏板，全面观察周边的交通情况，开启危险报警闪光灯、交替变换远近光灯、鸣喇叭或打手势，向其他道路交通参与者发出警示信号；平缓踩下制动踏板的同时挂入低挡靠发动机制动减速。

小知识

避险车道的作用

避险车道是一条“救命道”，是专门为减慢失控车辆速度并使车辆安全停车设置的辅助车道（图9-4）。避险车道连接着主车道，为上坡车道，表面为铺满沙石或松软沙砾的制动层，两边有护栏，路端有沙石坑或者铺满轮胎的防撞墙壁，车辆在上爬过程中车速逐渐降低，最终停止行驶。当车辆在行驶中突然制动失效或无法控制行驶速度时，可以开往避险车道应急避险。

图9-4 避险车道示意图

四 案例小结

驾驶员的应急处置能力对于保障行车安全具有重要作用，其中避险操作与行车安全直接相关。道路运输企业要加强驾驶员的安全培训教育，提高驾驶员的风险辨识能力和应急处置能力。

（1）道路运输企业要加强驾驶员的安全培训教育，提高驾驶员的应急处置能力。

道路运输企业要加强对驾驶员风险源的辨识和突发情况应急处置方法的培训，提高驾驶员的风险防范意识和应急处置能力。

（2）加强对行车危险源及其危害的社会宣传。

道路运输安全相关管理部门应向社会广泛宣传常见的危险源和常见的危险情景，使人们认识常见危险源及其危害，提高全社会的安全意识，从根本上保障行车安全。

相关法律法规

1.《道路交通安全法》

《道路交通安全法》第四十四条规定，机动车通过交叉路口，应当按照交通信号灯、交通标志、交通标线或者交通警察的指挥通过；通过没有交通信号灯、交通标志、交通标线或者交通警察指挥的交叉路口时，应当减速慢行，并让行人和优先通行的车辆先行。

2.《道路交通安全法实施条例》

《道路交通安全法实施条例》第七十八条规定，在高速公路上行驶的小型载客汽车最高车速不得超过120km/h，其他机动车不得超过100km/h，摩托车不得超过80km/h。同方向有2条车道的，左侧车道的最低车速为100km/h；同方向有3条以上车道的，最左侧车道的最低车速为110km/h，中间车道的最低车速为90km/h。道路限速标志标明的车速与上述车道行驶车速的规定不一致的，按照道路限速标志标明的车速行驶。

3.《道路旅客运输企业安全管理规范（试行）》

《道路旅客运输企业安全管理规范（试行）》第二十条规定，道路旅客运输企业应当建立客运驾驶人岗前培训制度。岗前培训的主要内容包括：国家道路交通安全和安全生产相关法律法规、安全行车知识、典型交通事故案例警示教育、职业道德、安全告知知识、应急处置知识、企业有关安全运营管理的规定等。

4.《安全生产法》

《安全生产法》第十八条规定，生产经营单位的主要负责人对本单位安全生产工作负有下列职责：

（1）建立、健全本单位安全生产责任制；

（2）组织制定本单位安全生产规章制度和操作规程；

（3）保证本单位安全生产投入的有效实施。

驾驶员交叉路口超速行驶造成碰撞重大事故

——新疆前高公路“11·10”重大道路交通事故案例

道路交叉路口是机动车、非机动车与行人汇集、转向和疏散的必经之地，是交通的咽喉。交叉路口行车视距较短，交通流形成的交通冲突较为突出，是道路交通事故的多发地点。2012年11月10日，在新疆前高公路发生的道路交通事故，是典型的驾驶员在交叉路口超速行驶引发的重大道路交通事故，事故现场如图10-1所示。

图10-1　事故现场图

一 事故基本情况

2012年11月10日清晨6时30分，驾驶员王某驾驶中型客车沿前高公路由西向东驶往奎屯火车站，此时驾驶员宋某驾驶另一辆载有47人的大型客车（核载35人）以86km/h的速度沿通营公路由南向北行驶，两车在两条公路交叉路口处发生侧面相撞，两车均冲出路基侧翻，事故共造成11人死亡、39人受伤，事故过程示意图如10-2所示。

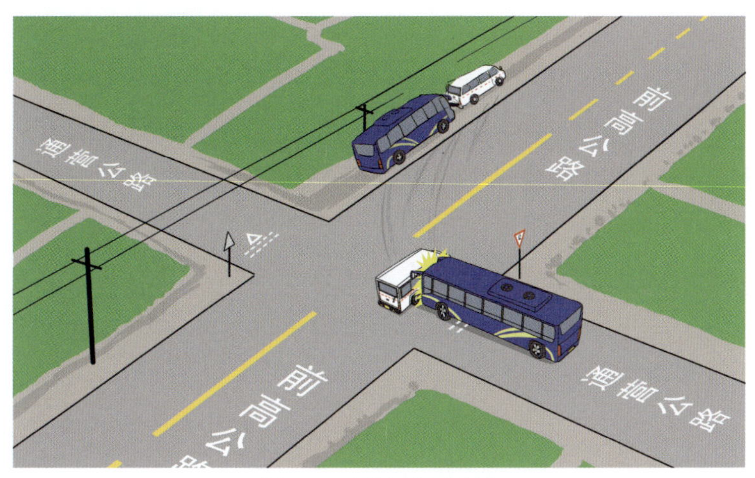

图10-2　事故过程示意图

本案例中，大型客车驾驶员宋某对事故发生负有直接责任，鉴于其在事故中死亡，免于追究责任；中型客车驾驶员王某对事故发生负有直接责任，被处以相应经济处罚；大型客车、中型客车所属道路运输企业6名相关责任人员被依法追究相应责任，两企业分别被处以60万元、50万元的经济处罚。

二　事故原因及暴露问题

（一）事故原因

根据事故调查报告，本案例中，大型客车驾驶员在有让行标志的路口路段未按交通标志让行，超速、超载行驶（事发路段限速20km/h）是造成事故发生的主要原因；中型客车在路口路段未保持安全车速、减速慢行也是造成事故发生的原因。

（二）事故暴露出的其他问题

除上述原因外，本起事故还暴露出大型客车、中型客车所属道路运输企业安全管理等方面存在的问题：

（1）大型客车驾驶员、中型客车驾驶员安全意识淡薄。

本起事故中，两车驾驶员在行驶至公路交叉路口时，均未减速慢行，观察不充分。大型客车驾驶员超载超速行驶，超载人数达到34%，超出限速3.3倍。

（2）大型客车所属道路运输企业安全管理不到位。

大型客车所属道路运输企业未通过“道路运输车辆卫星定位系统动态监控平台”对车辆实施有效监控，对所属车辆超速等违法行为失察，未能及时提醒和纠正驾驶员的违法行为。

（3）中型客车所属运输企业安全管理存在漏洞。

中型客车在发生事故前，车载卫星定位系统已经损坏，但所属运输企业仍允许其正常报班运行。

三 事故原因分析

交叉路口是道路交通网的重要枢纽点，也是交通事故的多发点，在交叉路口处通常会设置让行标志，规定让行方向车辆按照让行标志行驶，优先行驶的车辆应减速慢行，安全通过交叉路口。驾驶员在交叉路口行车必须严格遵守交通规则，否则极易引发道路交通事故。本节主要围绕交叉路口行车安全影响因素、交叉路口安全驾驶技巧和常见交通标志三个方面进行重点分析。

（一）交叉路口行车安全影响因素

交叉路口是各种机动车、非机动车及行人等进行转向的公共区域，汇集了各种形式的交通流，不同方向、不同类型的交通流汇入交叉路口后，不可避免地会发生交通冲突，是比较典型的交通事故多发点。如果应对不及时、不正确，就很可能导致事故发生。在道路交叉路口区域，影响行车安全的因素主要有视距和控制信号。

① 视距

交叉路口视距主要包括引道视距和视距三角形，引道视距主要是保证驾驶员在看到停止线或者红灯时，能够及时在停车线前停下来，如图10-3所示。视距三角形是由两车的停车视距和视线组成的交叉路口视距空间和限界，如图10-4所示。当交叉路口的视距三角形区域内存在遮挡驾驶员视线的障碍物时，驾驶员往往因获取不到前方交叉路口的信息而无法及时采取相应的避险措施。

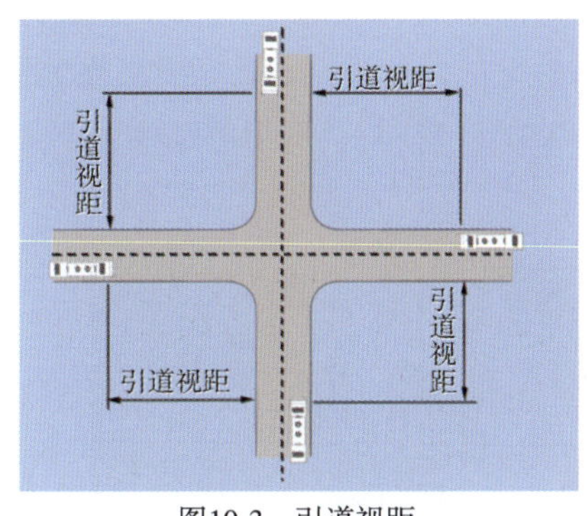

图10-3　引道视距

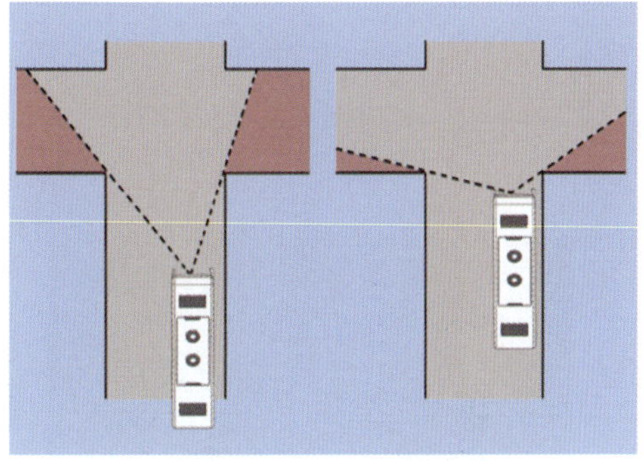
图10-4　视距三角形

② 控制信号

在交叉路口设置控制信号，可在时间上分离通过交叉路口的车流，减少交通冲突点个数，提高交叉路口的通行能力和交通安全性能。图11-5、图11-6分别为有信号控制的交叉路口和无信号控制的交叉路口。从图中可以看出，信号控制（这里是两相位信号控制）交叉路口与无信号控制交叉路口相比较，冲突点数明显减少，因此，合理的信号控制相位设置可以有效减少交通冲突点。

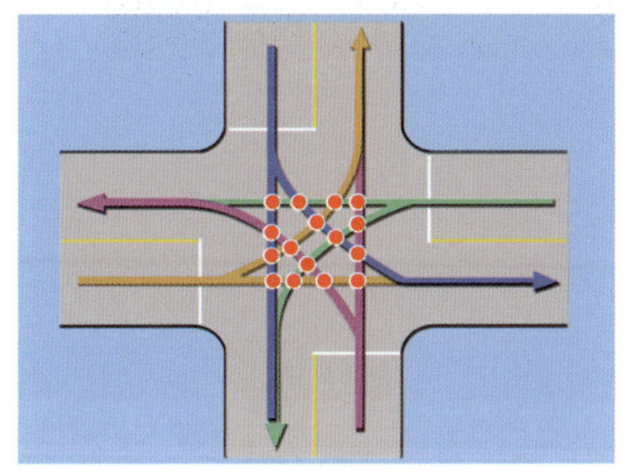
图10–6　有信号控制交叉路口交通冲突特征

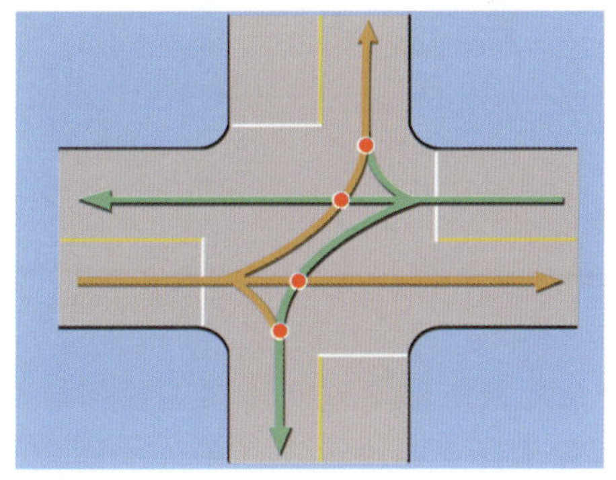
图10–5　无信号控制交叉路口交通冲突特征

小知识

交叉路口的种类

道路交叉口根据其结构形式分为立体交叉口和平面交叉口。立体交叉路口是道路不在同一个平面上相交形成的立体交叉，立体交叉路口形式见图10-7a）所示。平面交叉口是道路在同一个平面上相交形成的交叉口，通常有T形、Y 形、十字形、X形、错位、环形等形式，如图10-7b）、10-7c）、10-7d）所示。

a) 立体交叉路口

b)环形交叉路口

c) T 形交叉路口

d) 十字交叉路口

图10-7　交叉路口的种类

（二）交叉路口安全驾驶技巧

交叉路口分为立体交叉路口和平面交叉路口，立体交叉路口将互相冲突的车流分别安排在不同平面的道路上，各类型交通冲突大大减少，交通相对通畅和安全。在平面交叉口上，车辆通过时因驶向不同而相互交叉形成多个冲突点，在无交通管制时，三岔路口有3个冲突点，四岔路口有16个冲突点，五岔路口则有50个冲突点，这里的每一个冲突点实际上就是一个潜在的交通事故点，当非机动车也同时通过路口时，则冲突点就会更多。

① 交叉路口直行技巧

（1）有交通信号灯控制。直行通过有交通信号灯控制的交叉路口时，应提前减速，红灯和黄灯亮时应在停止线以外等待，绿灯亮或交警发出直行手势时，应及时观察左、右方交通情况，缓速通过。同时，注意避让正在横穿和想要横穿道路的行人或正在左转弯的车辆。如图10-8所示，绿色车辆具有优先通行权，红色车辆应停车让行。

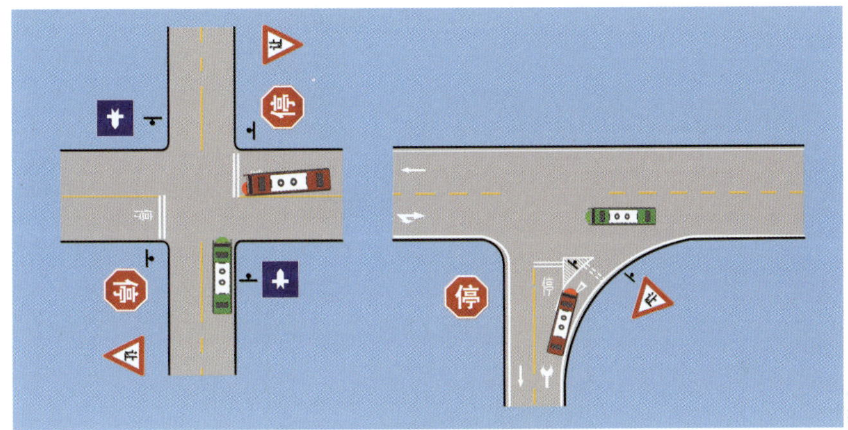

图10-8　有交通信号控制交叉路口

（2）无交通信号灯控制。在没有交通信号灯控制的路口直行应在距路口50～100m处减速或停车瞭望，并注意观察左右两侧道路上的情况，做到“一看、二慢、三通过”，如图10-9所示。另外，车辆在主干道上行驶，驶近主干道与支路交叉汇处时，应提前减速观察、谨慎驾驶，防止与从支路突然驶入的车辆发生相撞。

② 交叉路口转弯

（1）右转弯。交叉路口右转弯时，应提前减速按安全导向箭头指示，进入右转弯车道或靠道路右侧行驶，注意观察后方和右转弯方向道路交通动态，同时注意观察对面是否有左转弯的车辆。确认无障碍后，再向右转弯，如图10-10所示。大型客车、大型货车、半挂汽车列车、全挂汽车列车在转弯时，应特别注意由于内轮差导致前、后车轮的运动轨迹不重合的情况，否则，内后轮可能会驶出路面或导致车身与其他物体产生碰撞，造成由内轮差引发的交通事故。

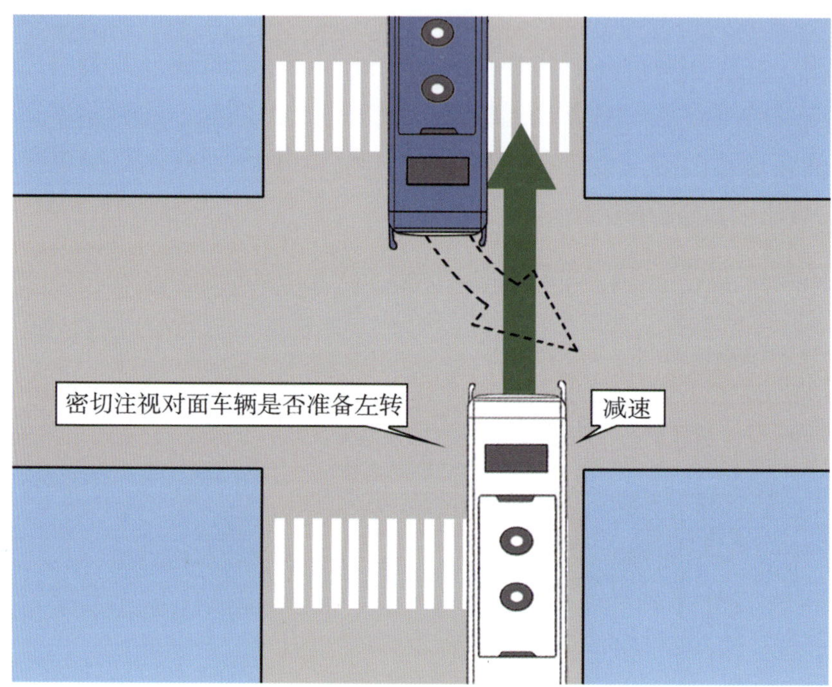

图10-9　无交通信号控制交叉路口示意图

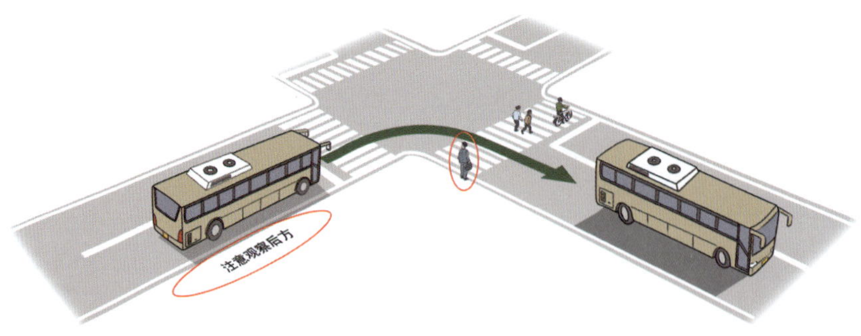

图10-10　交叉路口右转弯路段示意图

小知识

内轮差的危害

车辆在转弯时，前轮和后轮并不是沿同一轨迹行驶，而是会有一定的偏差，其中前内轮的转弯半径与后内轮的转弯半径之差称为内轮差（图10-11）。

大型客车、汽车列车等大型车辆的车身较长，内轮差较大极易形成“视觉盲区”。非机动车或行人步入内轮差这个驾驶员的“视觉盲区”后，易发生剐蹭及碰撞等交通事故。大型车辆在转弯时，除减速慢行、注意观察外，还应与两侧的物体和行人保持足够的横向距离，避免发生此类事故。

图10-11　大货车的内轮差（红色区域）

（2）左转弯。交叉路口左转弯时，应提前减速按安全导向箭头指示，进入左转弯车道或靠道路左侧行驶等待，绿灯亮或绿色左转箭头灯亮时，沿中心内侧慢速左转弯，转弯时不得妨碍对向直行和右转的车辆，如图10-12所示。

③ 通过复杂交叉路口

通过复杂交叉路口时，应低速行驶，做好随时停车准备，按规定避让行人和优先通行的车辆。在视线不好的路口更要谨慎驾驶，预防视线盲区内突然出现紧急情况而措手不及。遇有交叉路口交通阻塞时，即使绿灯亮起也不应驶入，应将车辆停在路口外等候待拥堵缓解后再通行。

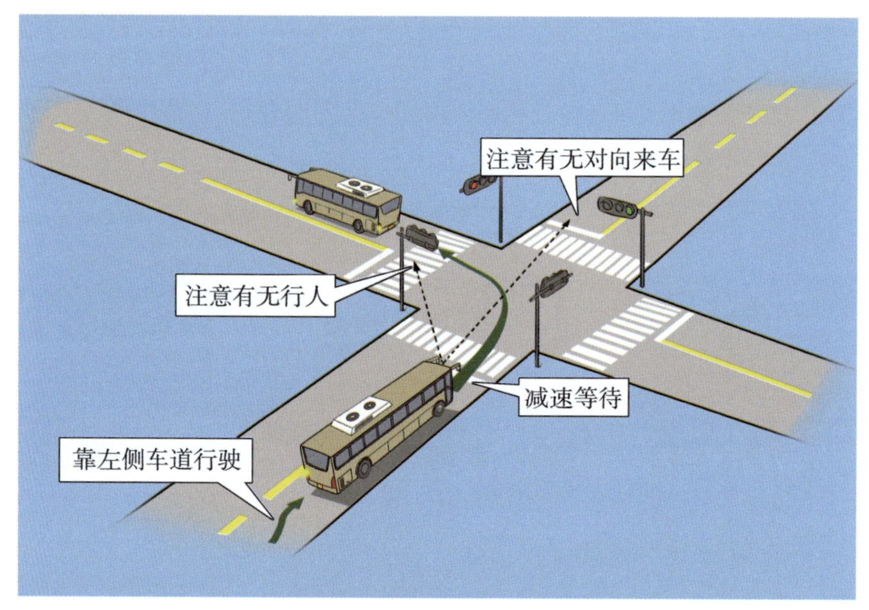

图10-12　交叉路口左转弯示意图

④ 通过环岛

环岛是交通事故的多发地点，驶进环岛时应注意观察已在环岛内行驶的车辆以及汇入的车流；通过环岛时应提前减速，并根据交通情况控制好通过车速，必要时停车让行；驶出环岛前，开启右转向灯，注意观察道路右侧的车辆和行人等。若环岛有两条或两条以上车道，从内侧驶离环岛前，应提前开启右转向灯，逐渐变更到外侧车道，然后再驶离环岛，严禁直接从内侧车道驶出环岛。

常见的交叉路口引导标志

交通标志对驾驶员安全驾驶具有引导作用，不同的交通标志不仅有其特定的含义，同时也暗示该路段存在该类型的通行风险，是路段特征的另一种表现形式。常见交叉路口引导标志及路段潜在通行危险见表10-1。

常见交通标志及路段潜在通行危险　　表10-1

序号	交通标志	路段潜在通行风险
1		该标志警示前面是十字交叉路口，需减速慢行，由于受线形限制或障碍物阻挡，在汇入车流时需注意通行车辆和过往行人
2		该标志警示前方左侧有匝道并入，需要注意该方向行驶车辆，通常设计车速小于60km/h，需减速慢行
3		该标志警示前方右侧有匝道并入，需注意该方向驶入车辆，需减速慢行，注意来车
4		该标志警示前方是T形交叉路口，只能够左转或右转弯行驶，需减速慢行。若转弯速度过快，易造成车辆侧翻或侧滑

四 案例小结

交叉路口行车环境复杂，受视距、控制信号、交通标志的影响，行车风险较多，是交通事故的多发地点之一，针对本起事故案例，道路运输企业要加强驾驶员的安全培训教育，提高驾驶员的风险防范意识。

（1）道路运输企业要加强驾驶员的安全培训教育，提高驾驶员的安全意识。

驾驶员在通过交叉路口时，应按照安全教育培训的要求，严格按照交通标志、交通标线的指示，按规定让行；应严格控制车速，不得超速行驶。另外，驾驶员行驶通过交叉路口时，不仅要遵循通行优先权的规定，而且即使在有优先通行权的条件下，也要减速观察，确认安全后再通行。

（2）加强对事故多发路段的社会宣传。

道路运输安全相关管理部门可通过社会宣传，让广大群众认识交叉路口的行车风险和安全隐患，提高交通参与者在经过交叉路口时的风险防范意识，避免交叉路口交通事故的发生。

小提示

相关法律法规

1.《道路交通安全法》

《道路交通安全法》第四十四条规定，机动车通过交叉路口，应当按照交通信号灯、交通标志、交通标线或者交通警察的指挥通过；通过没有交通信号灯、交通标志、交通标线或者交通警察指挥的交叉路口时，应当减速慢行，并让行人和优先通行的车辆先行。

2.《道路交通安全法实施条例》

《道路交通安全法实施条例》第五十一条规定，机动车通过有交通信号灯控制的交叉路口，应当按照下列规定通行：

（1）在划有导向车道的路口，按所需行进方向驶入导向车道；

（2）准备进入环形路口的让已在路口内的机动车先行；

（3）向左转弯时，靠路口中心点左侧转弯。转弯时开启转向灯，夜间行驶开启近光灯；

（4）遇放行信号时，依次通过；

（5）遇停止信号时，依次停在停止线以外。没有停止线的，停在路口以外；

（6）向右转弯遇有同车道前车正在等候放行信号时，依次停车等候；

（7）在没有方向指示信号灯的交叉路口，转弯的机动车让直行的车辆、行人先行。相对方向行驶的右转弯机动车让左转弯车辆先行。

第五十二条规定，机动车通过没有交通信号灯控制也没有交通警察指挥的交叉路口，除应当遵守第五十一条第（2）项、第（3）项的规定外，还应当遵守下列规定：

（1）有交通标志、标线控制的，让优先通行的一方先行；

（2）没有交通标志、标线控制的，在进入路口前停车瞭望，让右方道路的来车先行；

（3）转弯的机动车让直行的车辆先行；

（4）相对方向行驶的右转弯的机动车让左转弯的车辆先行。

第五十三条规定，机动车遇有前方交叉路口交通阻塞时，应当依次停在路口以外等候，不得进入路口。机动车在遇有前方机动车停车排队等候或者缓慢行驶时，应当依次排队，不得从前方车辆两侧穿插或者超越行驶，不得在人行横道、网状线区域内停车等候。机动车在车道减少的路口、路段，遇有前方机动车停车排队等候或者缓慢行驶的，应当每车道一辆依次交替驶入车道减少后的路口、路段。

夜间驾驶照明装置存在故障的车辆引发坠车

——沈海高速福建省宁德市“6·20”重大道路交通事故案例

驾驶员夜间驾驶机动车时，观察道路状况及交通情况比白天更加耗费体力，在视觉上更容易疲倦，而且在感观上还会自觉地依照平时对路况的记忆驾车行驶，这些因素使得夜间驾驶机动车更加困难，也更容易引发事故，如果再遭遇不良天气等突发状况的时候，事故发生率会更高。2012年6月20日，在沈海高速福建省宁德市境内就发生了一起非常典型的因车辆照明系统存在故障引发的重大道路交通事故，事故现场如图11-1所示。

图11-1　事故现场图

一 事故基本情况

2012年6月20日凌晨1时许，驾驶员王某驾驶大型客车从江苏省无锡市开往福建省厦门市，行驶至福建省宁德市沈海高速1908km+300m处一高架桥下坡转弯路段时，在车辆左前远光灯不能照明、夜间光线不良的情况下，碰撞右侧护栏后坠落桥下，造成17人死亡、28人受伤，事故过程示意图如图11-2所示。

图11-2　事故过程示意图

本案例中，大型客车驾驶员王某在事故中死亡，免于责任追究；大型客车所属道路运输企业主要负责人和相关负责人分别受到撤职、记过等不同程度处分，同时该企业被处以取消部分班线，暂停三年新增运力的行政处罚，并处以113万元的罚款。

二 事故原因及暴露问题

（一）事故原因

根据事故调查报告，本案例中，大型客车灯光照明系统存在故障，左前远光灯不能照明，驾驶员在夜间光线不良的情况下，在湿滑的下坡左转弯路段，未能根据交通环境控制安全行车速度，致使车辆失控，与护栏发生碰撞，造成车辆坠桥。经调查认定，驾驶员在湿滑下坡转弯路段未能保持安全车速是造成本起事故的主要原因。

（二）事故暴露出的其他问题

除上述原因外，本起事故还暴露出大型客车所属道路运输企业安全管理等方面也存在的问题：

（1）大型客车所属道路运输企业对驾驶员的安全管理存在漏洞。

本起事故中，大型客车所属运输企业在招聘驾驶员时，未核实驾驶员近三年内的道路交通违法记录，未落实驾驶员的安全学习、违章处罚制度。

（2）大型客车所属道路运输企业违规经营行为严重。

大型客车所属运输企业对驾驶员实施底薪加提成的工资制度，鼓励驾驶员违规站外揽客、载物，站外揽客每位提成4元，货物按运费的15%提成。

（3）大型客车所属道路运输企业对车辆的维护工作不够重视。

大型客车所属道路运输企业车辆技术档案不健全，未按规定定期对车辆进行维护。

（4）大型客车所属道路运输企业动态监控主体责任不落实。

大型客车所属道路运输企业“道路运输车辆卫星定位系统动态监控平台”在中午和工作忙时无人监管，对事故车辆超速行驶等违法行为未能对及时提醒和纠正。

三 事故原因分析

夜间行车影响安全驾驶的潜在因素较多，因此驾驶员必须了解人的视觉机能特性和夜间易产生交通事故的原因，以便采取相应的措施，确保夜间公路驾车安全。本节主要围绕驾驶员夜间的视觉特性、夜间行车的风险、夜间行车前的准备及夜间安全驾驶技巧四个方面进行重点分析。

（一）夜间的视觉特性

夜间的视觉特性主要是指驾驶员眼睛在夜间所具备的观察能力及视觉变

化规律，主要表现在夜视力、暗适应能力、夜间感知特性等方面。

（1）夜视力。夜视力是指驾驶员在夜间通过眼睛分辨物体的能力。夜视力与光线照度有关，照度增加可以增强视力。白天和夜间视力对比情况见表11-1。

白天和夜间视力对比　　表11-1

项　目	白　天	夜　间
视角	车速为50km时不低于100°	车速为40km不高于100°
视距	2000～3000m	500～600m

（2）暗适应能力。当照度减弱时，眼睛对光线的感受能力发生变化的现象叫作暗适应。人的眼睛从照度高的地方移动至照度较低的地方，起初难以看清物体，经过一段时间后，物体的轮廓逐渐清晰。

（3）夜间感知特性。驾驶员夜间的感知特性主要表现为对不同对比度的物体的感知能力。不同对比度的物体的感知距离与确认距离试验研究结果见表11-2。

不同对比度物体的感知距离　　表11-2

项　目		对比度为88%的物体（m）	对比度为35%的物体（m）
远光灯	感知距离	70.4	20.3
	确认距离	60.5	17.0
近光灯	感知距离	43.3	9.7
	确认距离	25.5	8.0

从表11-2可以看出，在使用远光灯的情况下，观察对比度较大的物体时，驾驶员的感知距离与确认距离较远，驾驶员有更充裕的时间进行判断和思考，更有利于保障行车安全。

开启近光灯时，驾驶员视距较短，同时灯光会不同程度向右、向下偏转，适宜于会车时使用。开启远光灯时，驾驶员视野更加开阔，但在会车时容易引起对向车辆驾驶员炫目，是诱发夜间交通事故的重要原因之一。夜间驾驶员炫目示意图如图11-3所示。

图11-3　驾驶员炫光

（二）夜间行车的风险

夜间行车，驾驶员受视觉、感觉、情绪、生理节律等人体机能及外部隐患环境影响，行车风险明显高于白天行车。

（1）驾驶员操作机能下降。夜间人体生理节律处于低潮，身体容易困倦，情绪相对低落，大脑反应能力，动作协调性、准确性和灵敏性都会出现不同程度下降，判断和操作失误明显增多。

（2）驾驶员视觉机能下降。驾驶员驾驶时80%的信息来源于视觉系统，夜间驾驶员的视觉机能显著低于白天，高速行驶时更为明显。同时，高速行驶时驾驶员的视距缩短、视角范围变窄，驾驶员对突发情况难于准确判断，更容易引发道路交通事故。

（3）容易出现疲劳驾驶。睡眠是人的一种客观自然规律，根据人体的生理节律，白天驾驶员的觉醒水平相对较高，夜晚驾驶员的觉醒水平最低。觉醒水平低时，驾驶员更容易产生疲劳，注意力难以集中，判断力出现不同程度下降，影响行车安全。

觉醒水平

在做脑电图测试的时候，可以看到脑电图的类型随意识状态而变化，不同精神状态对应的图形各异。如人闭目养神时的脑电波约为10Hz的α波，睁眼心算时，α波消失，成为约30Hz小振幅的快波。脑电波的这种趋向快波型的变化称为觉醒反应，觉醒反应的水平则称为觉醒水平。

一般来说，当觉醒反应活跃时觉醒水平较高，表明大脑皮层处于兴奋水平，注意力较集中，工作能力较强，联系到具体的驾驶工作上，在同一条件下，可以认为驾驶员的觉醒水平越高，其在控制车辆和处理突发状况的能力就越高。

（4）外部安全隐患增多。夜晚时段，交通参与者行为的随意性增大，给夜间行车埋下安全隐患。此外，部分驾驶员安全意识淡薄，夜间在弯道路段停车，甚至停靠在弯道路段且不按照相关规定设置警示标志、开启危险报警闪光灯，给过往车辆带来诸多安全隐患。

（三）夜间行车前的准备

道路运输企业应根据驾驶员的夜间行车能力，合理的安排运输任务，驾驶员夜间行车前要充分做好行车前的身体准备和车辆检查工作。

① 出车前的准备

夜间是人体容易出现疲劳的时间段，驾驶员出车前要注意休息，保证精力充沛，提前了解行车路线、沿途停靠点、危险路段等道路状况。

② 车辆的安全检查

夜间行车要对车辆的灯光系统、转向系统、制动系统、操作系统、辅助设备设施等技术状况做必要的检查，确保各部件能够正常使用。

③ 驾驶员的夜视力、暗适应能力检查

夜视力、暗适应能力是驾驶员夜间安全驾驶必须具备的机能。道路运输企业应根据驾驶员的夜视力、暗适应能力，合理安排运输任务。驾驶员也应

通过检查判断自己的夜视力、暗适应能力，是否适宜于夜间驾驶。夜视力、暗适应能力检查设备如图11-4、图11-5所示。

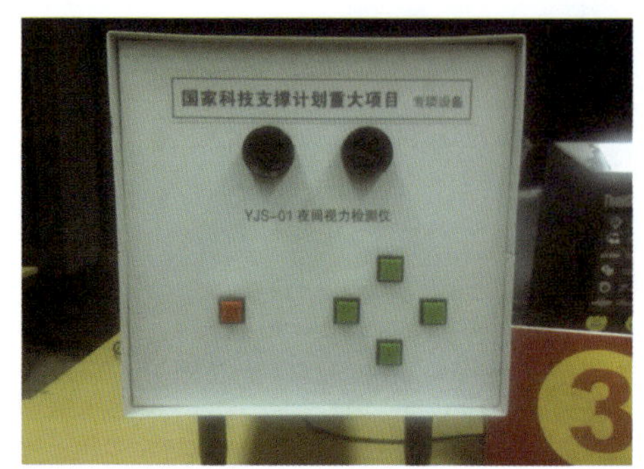

图11-4　夜视力检查设备

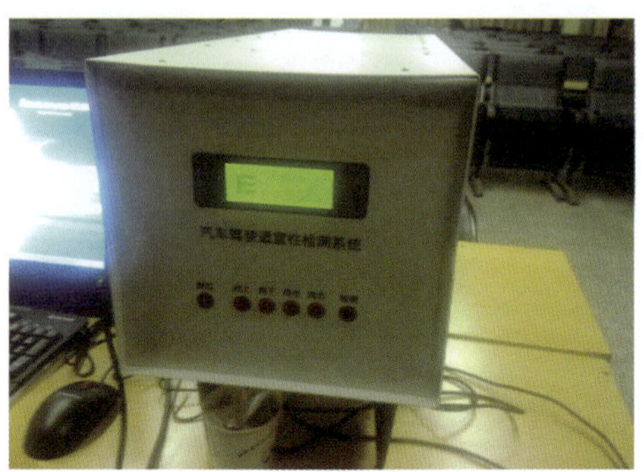
图11-5　暗适应能力检查设备

（四）夜间安全驾驶技巧

夜间行驶交通安全风险较大，驾驶员只有掌握必要的安全驾驶的技巧，才能有效预防交通事故的发生。下面简单介绍几项非常实用的夜间驾驶技巧：

① 学会判断路况

黑夜带来的最大困难是视觉上的障碍，全封闭的高速公路因其技术等级高，安全防护设施好等优点，无疑是夜间行车的首选，而且路中间的隔离带还能有效地阻止对面车辆射来的灯光。

如果只能走低等级道路，则要学会用多种方法判断路况。首先是利用灯光判断路况。比如灯光投射距离由远变近，说明汽车正驶入上坡路段；当灯光投射区域离开路面，说明前方是急转弯路段或车辆已经到达坡顶，其他借助灯光判断行车路况的方法详见表11-3。其次是利用路面颜色来判断路况，一般来说白色是积水，黑色是坑洼，正常路面多为灰色，通常“走灰不走白，遇黑慢下来”。再次，根据发动机的声响也能判断路况。当车速自动减慢和发动机声音变得沉闷时，说明行驶阻力已经增大，汽车正在上坡或驶入松软路面；反之，如果感觉发动机声音变得轻快，说明行驶中阻力减小，汽车可能正行驶于下坡路段。

借助灯光判断行车路况　　表11-3

序号	灯光现象	环境特征
1	灯光上下波动	路面不平
2	行车前方出现阴影，接近时消失	路面有小坑
3	行车前方出现阴影，接近时仍存在	前方有较大的坑或沟渠
4	灯光中有影子闪烁	前方有行人或骑车人
5	匝道口有灯光照射	有并入或驶出的车辆
6	灯光亮、高度低	小型车
7	灯光暗、高度高	大型车
8	灯光投射距离由远变近	汽车驶近或驶入上坡路面
9	灯光投射距离由近变远	汽车下坡或由陡坡进入平缓路面
10	灯光投射区域离开路面	前方出现急弯或者汽车已经上了坡顶
11	灯光投射区域由中移向一侧	前方出现一般性弯道
12	灯光投射区域在路两侧游移时	前方出现连续性S弯道

② 合理控制车速

夜间驾驶时，由于视觉环境不及白天良好，加之车辆较少又缺少参照物，车速会在不知不觉中变快，同时，驾驶员受生理因素的影响，容易出现注意力分散等安全驾驶能力下降的现象，对车辆的控制能力逐步降低，因此，驾驶员夜间要合理控制车速，谨慎驾驶（图11-6）。

图11-6　合理控制车速

③ 正确使用灯光

灯光是汽车的无声语言，是夜间行车安全的有力保障。夜间行驶，灯光具有照明和信号双重作用，驾驶员通过使用灯光接收和传递交通信息。当汽车的照明系统存在故障时，上路行车将是非常危险的。因此，夜间上路行驶之前务必要对灯光进行全面检查，确认良好方可上路。夜间车辆灯光的使用方法见表11-4。

夜间车辆灯光的使用方法 表11-4

序号	驾驶意图	灯光的使用方法
1	起步	起步前，驾驶员应预先打开示廓灯，检查照明情况。如看不清前方100m左右的物体，应打开前照灯，只有在看清道路情况、确保安全的前提下，方可起步
2	通过路口	通过路口前，应提前减速变换远、近光灯，观察路口的交通状况，在接近路口或转弯处使用近光灯
3	会车	在距离对向来车100～150m时改用近光灯，车辆靠道路右侧保持直线行驶。右侧为非机动车道时，还应特别注意观察，避免碰撞非机动车和行人
4	超车	跟进前车，连续变换远近光灯，在判定前车已让路、允许超越的情况下打开左转向灯，从被超车的左侧超越；超车过程中，要保持足够的横向距离；超过前方车辆后，在确认同被超车保持安全的前后距离后，打开右转向灯，驶回原车道
5	雨雾天及夜间行驶	应使用近光灯和防雾灯，不宜使用远光灯，以免出现炫目的光幕，妨碍自身和其他车辆驾驶员视线

黄昏时段光线较暗，汽车开前照灯后其亮度与周围的亮度相差不大，驾驶员不易看到周围车辆和行人的动态，因此要减速慢行，以延长反应时间。在雾天沙尘等能见度低情况下行驶时，必须开启雾灯以警示前后方来车，如图11-7所示。另外，夜间行车，如果需要紧急停车时，应将车辆停靠在安全地点，不能妨碍其他车辆正常通行，同时开启危险报警闪光灯，并在车辆后方100～150m处设置警示标志。

图11-7 雾天雾灯使用效果示意图

④ 高度警惕会车、超车

夜间会车、超车时应规范操作行为，尤其要合理使用灯光，按照相关规程要求进行操作。会车时，在两车相距150m时，将远光灯变为近光灯，同时降低车速，完成会车。超车时，首先应通过连续变换远近光灯，提醒前车驾驶员后车即将超车，确认前车让超车后，安全地完成超车。

小知识

夜间安全驾驶要领

驾驶员在夜间行驶，应注意以下五个方面：

（1）要注意观察路况，在路况不易辨清时，应减速慢行，必要时应停车查看，弄清情况后再行进。

（2）严格控制车速，保持中速行驶，注意增加跟车距离，准备随时停车，防止前后车发生碰撞事故。

（3）正确使用灯光，汽车灯光系统不仅能够照亮前方道路，同时也能给予对方警示。夜间正确使用灯光至关重要。

（4）尽量避免超车，必须超车时，应准确判明前方情况，提前预告前车避让，确认条件允许后方可超车，在超车中应适当加大车间距离。

（5）夜间行车视线不良、路界不清，驾驶员应降低行车速度，以增加观察、决策和做出反应的时间。

四 案例小结

夜间行车，视觉环境不如白天良好，驾驶员的生理机能下降，行车风险较多，对行车安全造成重要影响。道路运输企业要合理安排驾驶任务，尽量减少夜间执行运输任务。驾驶员也要提高警惕，谨慎驾驶。

（1）道路运输企业要建立健全安全管理责任制度，同时合理调度车辆。

道路运输企业应对车辆和驾驶员建立安全管理责任制度，包括车辆出站前安全检查、驾驶员在运输过程中的违法驾驶行为等；运输企业应根据运行线路、天气状况合理安全运输任务，尽量减少夜间的车辆运营。

（2）加强驾驶员的安全培训教育，提高驾驶员夜间行车的安全意识。

夜间是人体生理机能的低谷期，容易出现疲劳驾驶、注意力分散，加上外在安全隐患较多，在夜间行车时要提高警惕，驾驶员应充分认识夜间行车的风险，并掌握夜间的安全驾驶技术。

（3）加强对夜间行车安全知识的社会宣传。

夜间行车安全隐患较多，相关部门应加强夜间行车安全知识的社会宣传，让全社会认识夜间行车存在的安全隐患，引导乘客尽可能在白天出行。

相关法律法规

1.《道路交通安全法》

《道路交通安全法》第二十一条规定，驾驶员驾驶机动车上道路行驶前，应当对机动车的安全技术性能进行认真检查；不得驾驶安全设施不全或者机件不符合技术标准等具有安全隐患的机动车。

2.《道路交通安全法实施条例》

《道路交通安全法实施条例》第四十七条规定，机动车超车时，应当提前开启左转向灯、变换使用远、近光灯或者鸣喇叭。在没有道路中心线或者同方向只有1条机动车道的道路上，前车遇后车发出超车信号时，在条件许可的情况下，应当降低速度、靠右让路。后车应当在确认有充足的安全距离后，从前车的左侧超越，在与被超车辆拉开必要的安全距离后，开启右转向灯，驶回原车道。

第四十八条规定，在没有中心隔离设施或者没有中心线的道路上，机动车遇相对方向来车时应当遵守下列规定：

（1）减速靠右行驶，并与其他车辆、行人保持必要的安全距离；

（2）在有障碍的路段，无障碍的一方先行；但有障碍的一方已驶入障碍路段而无障碍的一方未驶入时，有障碍的一方先行；

（3）在狭窄的坡路，上坡的一方先行；但下坡的一方已行至中途而上坡的一方未上坡时，下坡的一方先行；

（4）在狭窄的山路，不靠山体的一方先行；

（5）夜间会车应当在距相对方向来车150m以外改用近光灯，在窄路、窄桥与非机动车会车时应当使用近光灯。

第五十七条规定，机动车应当按照下列规定使用转向灯：

（1）向左转弯、向左变更车道、准备超车、驶离停车地点或者掉头时，应当提前开启左转向灯；

（2）向右转弯、向右变更车道、超车完毕驶回原车道、靠路边停车时，应当提前开启右转向灯。

第五十八条规定，机动车在夜间没有路灯、照明不良或者遇有雾、雨、雪、沙尘、冰雹等低能见度情况下行驶时，应当开启前照灯、示廓灯和后位灯，但同方向行驶的后车与前车近距离行驶时，不得使用远光灯。机动车雾天行驶应当开启雾灯和危险报警闪光灯。

第五十九条规定，机动车在夜间通过急弯、坡路、拱桥、人行横道或者没有交通信号灯控制的路口时，应当交替使用远近光灯示意。机动车驶近急弯、坡道顶端等影响安全视距的路段以及超车或者遇有紧急情况时，应当减速慢行，并鸣喇叭示意。

第六十条规定，机动车在道路上发生故障或者发生交通事故，妨碍交通又难以移动的，应当按照规定开启危险报警闪光灯并在车后50m至100m处设置警告标志，夜间还应当同时开启示廓灯和后位灯。

危险货物运输车辆碰撞造成罐体泄漏引发燃烧事故

——荣乌高速山东省烟台市“1·16”重大道路交通事故案例

道路危险货物运输由于自身特点，一旦发生事故，容易造成巨大的生命财产损失，严重破坏公共设施和生态环境，产生极其恶劣的社会影响，近年来几起危险品运输事故使得危险货物运输安全成为社会关注的焦点。2015年1月16日，在山东省烟台市发生的道路交通事故，是典型的因危险货物运输车辆发生碰撞，导致运输物品泄漏、车辆燃烧引发的重大道路交通事故，事故现场如图12-1所示。

图12-1　事故现场图

一 事故基本情况

2015年1月16日下午17时53分，驾驶员曹某驾驶小型面包车行驶至荣乌高速山东省烟台市莱州服务区附近饮马池大桥时，因桥面结冰路滑引发车辆失控碰撞中央隔离护栏后停车，后方驶来的一辆运输汽油的罐式车辆（核载24.24m³、实载30m³）、一辆大型客车以及一辆小型越野车相继发生碰撞，导致罐式车辆发生泄漏并起火燃烧，造成12人死亡、6人受伤，事故过程示意图如图12-2所示。

图12-2　事故过程示意图

本案例中，罐式车辆驾驶员、押运员以危险物品肇事罪被依法追究刑事责任，罐式车辆所属道路运输企业安全生产管理负责人也被依法追究了相应法律责任。

二 事故原因及暴露问题

（一）事故原因

本案例中，小型面包车在结冰湿滑道路未保持安全车速行驶，与中央隔离带防护栏发生碰撞，停靠在应急车道与慢车道之间，形成路障。大型客车在结冰道路行驶时未保持安全车速、车距，且驾驶员操作不当造成追尾碰撞事故，引发客车燃烧，是造成事故的重要原因；罐式车辆在运输过程中未闭合紧急切断装置，导致发生碰撞事故后运输的危险物品泄漏、燃烧，最终导致本起事故的严重后果。

（二）事故暴露出的其他问题

除上述原因外，本起事故还暴露出罐式车辆所属道路运输企业安全管理等方面存在的问题：

（1）罐式车辆所属道路运输企业未落实对车辆的安全管理责任。

罐式车辆所属企业未对该车辆进行严格管理，允许该车辆超载运行，且“大罐小标”（标定载体积为24.24m^3，实际载体积为30m^3）。

（2）罐式车辆所属道路运输企业对从业人员管理不到位。

罐式车辆所属道路运输企业未对驾驶员、押运人员进行严格管理，押运人员在上岗前未进行相关培训。

三 事故原因分析

近年来，危险货物由于其特殊的性质和严重的事故后果，引起了社会的普遍关注，给危险货物运输安全敲响了警钟。本案例主要围绕常见危险货物及其危害、危险货物运输注意事项、危险货物事故的应急处置原则三个方面进行重点分析。

（一）常见危险货物及其危害

我国目前有6000多种危险化学品，其中常用的有2000多种。这些物品从生产、储存领域向消费领域转移过程中，主要以车辆道路运输为主。常见危险货物主要有易燃易爆物品、毒害品、腐蚀性物品、放射性物品、爆炸物品，它们有各自不同的特性，驾驶员必须了解承运危险货物的特性，才能在运输途中确保其安全。常见危险货物及其危害见表12-1。

常见危险货物及其危害　　　　表12-1

<table>
<tr><th colspan="2">危险货物类别及品名</th><th>代表性物质</th><th>危害性</th></tr>
<tr><td rowspan="6">易燃、易爆物品</td><td>易燃、助燃、可燃毒性压缩气体和液化气体</td><td>液化石油气、天然气、煤气（瓦斯）、氢气、甲烷、乙烷、丁烷、乙烯、丙烯、乙炔（溶于介质的）、一氧化碳、氧气等</td><td rowspan="6">受热、撞击、遇湿等外界作用，能发生剧烈的化学反应，瞬时发生爆炸或燃烧，并可能散发出有毒烟雾或有毒气体</td></tr>
<tr><td>易燃液体</td><td>汽油、煤油、柴油、苯、乙醇（酒精）、丙酮、乙醚、油漆、稀科、松香油及含易燃溶剂的制品等</td></tr>
<tr><td>易燃固体</td><td>红磷、闪光粉、固体酒精、赛璐珞等</td></tr>
<tr><td>自燃物品</td><td>黄磷、白磷、硝化纤维（含胶片）、油纸及其制品等</td></tr>
<tr><td>遇水燃烧物品</td><td>金属钾、钠、锂、碳化钙（电石）、镁铝粉等</td></tr>
<tr><td>氧化性物质和有机过氧化物</td><td>高锰酸钾、氯酸钾、过氧化钠、过氧化钾、过氧化铅、过氧乙酸等</td></tr>
<tr><td colspan="2">毒害品</td><td>氰化物、砒霜、毒鼠强、汞（水银）、剧毒农药等剧毒化学品以及硒粉、苯酚、生漆等</td><td>吸入或皮肤接触后可能造成严重受伤、健康损害甚至死亡</td></tr>
<tr><td colspan="2">腐蚀性物品</td><td>盐酸、硫酸、硝酸、氢氧化钠、氢氧化钾、蓄电池（含氢氧化钾固体或注有碱液的）等</td><td>人体接触时会造成严重伤害；遗撒时，腐蚀车身部件，甚至引发火灾</td></tr>
<tr><td colspan="2">放射性物品</td><td>夜光粉、发光剂、放射性同位素等放射性物品</td><td>轻者会造成细胞损伤、头晕、疲乏、脱发等；重者会引起白血病、癌变甚至死亡，或引起基因突变和染色体畸变</td></tr>
<tr><td rowspan="3">爆炸物品</td><td>弹药</td><td>炸弹、照明弹、燃烧弹、烟幕弹、信号弹、催泪弹、毒气弹和子弹等</td><td rowspan="3">受热、撞击等外界作用，能发生剧烈的化学反应，瞬时发生爆炸或燃烧</td></tr>
<tr><td>爆破器材</td><td>炸药、雷管、导火索、导爆索、爆破剂等</td></tr>
<tr><td>烟火制品</td><td>礼花弹、烟花、爆竹、黑火药、烟火剂、引线等</td></tr>
</table>

（二）危险货物运输注意事项

由于危险化学品运输具有易燃、易爆、有毒和具有腐蚀性的特点，运输过程中如果受热、遇到明火、碰撞、振动、摩擦等，存在着爆炸、火灾、中毒、辐射等重大事故风险。运输危险品的车辆仿佛“流动的定时炸弹”，稍有不慎，就可能引起灾难性后果。危险货物运输过程中应着重注意以下方面：

（1）装运危险货物应有固定的车辆和专业驾驶员、押运员、装卸工，驾驶证、押运证、准运证等所需证件要齐全；要按照指定的路线行驶，不能随意变更行驶路线，不得在繁华闹市中行驶和停靠。

（2）要做好危险货物装运车辆的日常维护、检测，严禁故障车辆投入营运。保证车辆状况符合安全要求，尤其是安全防护装置必须保持良好性能，做到有遮阳、防雨、防散失设备或用具，排气管要安装有效的隔热和熄灭火星的装置，电路系统应有切断总电源和隔离电火花的装置，车身上应有明显的标识。运输易燃易爆危险货物的车辆如图12-3所示。

图 12-3　危险货物运输车辆

（3）运输易燃易爆危险货物的车辆，在装载其他危险货物前，必须彻底清扫和洗刷。清洗时要选择安全的区域，严禁明火，使用安全的洗刷工具，残渣残液和废水不得随意排放，要安全妥善处理。

（4）危险货物装载前应严格检查运输车辆，特别是要检查各种容器的腐蚀情况，核查卸压阀、紧急切断装置、遮阳物及消静电等装置是否正常。不得装运包装不牢、破损或品名标签、标志不明显的易燃、易爆、剧毒危险货物和不符合安全要求的罐体及没有瓶盖的气体钢瓶等。

（5）危险货物装卸场地必须平坦畅通，夜间装载条件要良好，严禁野蛮装卸。装卸危险货物时，车辆发动机应熄火，装卸作业人员应配备专业的防护用品，并按照货物的装卸要求作业，轻装轻卸。吊装设备必须牢靠，防止拖拉、滚翻、震动、摔倒、重压、摩擦等。

（三）危险货物事故的应急处置原则

当装有危险货物的车辆发生燃烧事故时，驾驶员应遵守“沉着冷静、迅速处置”的原则，根据事故情形快速准确做出判断。

（1）当车辆冒烟或出现火苗时，驾驶员应尽快靠路边停车，同时注意避开严重威胁人员生命、财产安全的地方，降低事故损失。

（2）高速公路上车辆发生燃烧事故时，应尽可能将事故车辆驶离收费站、服务区等公共场所。

（3）城市道路上车辆发生燃烧事故时，应将车辆驶离闹市区、加油站、高压电线、灌木丛及其他易燃易爆物品存放区。常见危险货物燃烧危险场所如图12-4所示。

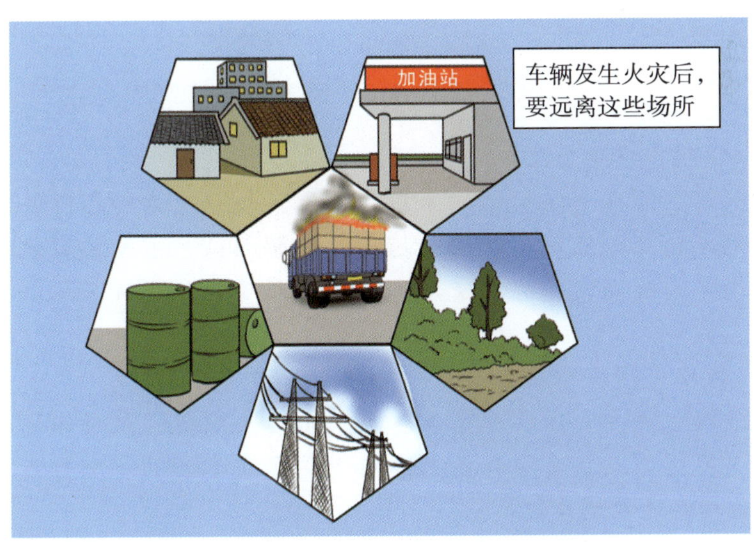

图12-4　危险货物燃烧时应尽可能驶离的危险场所

四 案例小结

危险货物运输安全事故日益突出，预防危险货物运输事故对于改善道路运输安全状况具有重要意义。危险货物道路运输企业要加强从业人员的培训教育，提高从业人员的应急处置能力。

（1）危险货物道路运输企业要不断强化从业人员的培训教育。

由于危险货物运输的特殊要求和危险货物运输事故的严重后果，危险货物运输从业人员应具有符合岗位要求的资质、危险货物运输事故应急处置常识和较高的安全意识。相关企业应加强对从业人员的安全培训，尤其是危险货物运输从业人员应掌握危险品应急处置常识和突发情形的应急处置方法。

（2）加强有关危险货物运输安全的社会宣传。

危险货物是工业生产和人民生活的必需品，但是危险货物运输过程中发生的道路交通事故产生的危害巨大，事故后果惨烈，道路交通安全相关管理部门应通过广泛的社会宣传，让全社会认识常见危险货物的特殊性质及危害，提高全民防范危险货物运输事故的安全意识。

相关法律法规、技术规范

1.《道路交通安全法》

《道路交通安全法》第四十八条规定，机动车载运爆炸物品、易燃易爆化学物品以及剧毒、放射性等危险物品，应当经公安机关批准后，按指定的时间、路线、速度行驶，悬挂警示标志并采取必要的安全措施。

2.《道路交通安全法实施条例》

《道路交通安全法实施条例》第二十二条规定，机动车驾驶人在实习期内不得驾驶载有爆炸物品、易燃易爆化学物品、剧毒或者放射性等危险物品的机动车。

3.《道路运输条例》

《道路运输条例》第二十七条规定，国家鼓励货运经营者实行封闭式运输，保证环境卫生和货物运输安全。货运经营者应当采取必要措施，防止货物脱落、扬撒等。运输危险货物应当采取必要措施，防止危险货物燃烧、爆炸、辐射、泄漏等。

第二十八条规定，运输危险货物应当配备必要的押运人员，保证危险货物处于押运人员的监管之下，并悬挂明显的危险货物运输标志。托运危险货物的，应当向货运经营者说明危险货物的品名、性质、应急处置方法等情况，并妥善包装，设置明显标志。

4.《机动车驾驶证申领和使用规定》

《机动车驾驶证申领和使用规定》（公安部令第123号）第六十五条规定，机动车驾驶人在实习期内不得驾驶载有爆炸物品、易燃易爆化学物品、剧毒或者放射性等危险物品的机动车。

5.《金属常压罐体技术要求》（GB 18564.1—2006）

《金属常压罐体技术要求》（GB 18564.1—2006）有关紧急切断装置的要求中规定，紧急切断阀的设置应尽可能靠近罐体的根部，不应兼作他用，在非装卸时紧急切断阀应处于闭合状态。

6.《危险化学品安全管理条例》

《危险化学品安全管理条例》第四十四条规定，危险化学品道路运输企业、水路运输企业的驾驶人员、船员、装卸管理人员、押运人员、申报人员、集装箱装箱现场检查员应当经交通运输主管部门考核合格，取得从业资格。

7.《关于在用液体危险货物罐车加装紧急切断装置有关事项的通知》

2014年7月7日，国家安全监管总局　工业和信息化部　公安部　交通运输部　国家质检总局发布《关于在用液体危险货物罐车加装紧急切断装置有关事项的通知》，规定：

（1）液体危险货物罐车生产企业、改装企业和使用单位要认真做好紧急切断装置加装工作；

（2）各有关主管部门要认真落实液体危险货物罐车安全监督管理职责；

（3）液体危险货物罐车使用单位和改装单位要切实加强罐车紧急切断装置加装过程安全管理。

8.《安全生产法》

《安全生产法》第十八条规定，生产经营单位的主要负责人对本单位安全生产工作负有下列职责：

（1）建立、健全本单位安全生产责任制；

（2）组织制定本单位安全生产规章制度和操作规程；

（3）保证本单位安全生产投入的有效实施。

9.《中华人民共和国刑法》

《中华人民共和国刑法》第一百三十六条规定，违反爆炸性、易燃性、放射性、毒害性、腐蚀性物品的管理规定，在生产、储存、运输、使用中发生重大事故，造成严重后果的，处三年以下有期徒刑或者拘役；后果特别严重的，处三年以上七年以下有期徒刑。

参考文献

［1］公安部交通安全管理局．中华人民共和国道路交通事故统计年报［R］．2012．

［2］马艳丽，裴玉龙．连续驾驶时间对驾驶特性测评指标的影响［J］．中国公路学报，2009，22（1）：84–88．

［3］蔡凤田，曾诚，殷国祥，等．道路客货运输驾驶员继续教育培训教材［M]．2版．北京：人民交通出版社，2014．

［4］张龙飞．DC105车桥行车制动跑偏原理分析与改进方法［D］．成都：四川大学，2004．

［5］李长城，刘小明，荣建．不同路面状况对路面摩擦系数影响的试验研究[J]．公路交通科技，2010，27（12）：27–31．

［6］裴玉龙．道路交通安全［M］．北京：人民交通出版社，2004．

［7］王俊骅，方守恩，陈雨人，等．高速公路特大交通事故预防技术研究及示范［M］．上海：同济大学出版社，2011．

［8］管晓伟．基于交通冲突技术的平面交叉口安全评价研究［D］．北京：北京交通大学，2006．

［9］金键．驾驶员夜间视力与行车安全研究［J］．西南交通大学学报，2000，35（2）：201–203．